Viktoria Schwenger
Die Blumenflüsterin Maria

Viktoria Schwenger

Die Blumenflüsterin Maria

Mein Leben als Marktfrau

rosenheimer

© 2015 Rosenheimer Verlagshaus GmbH & Co. KG,
Rosenheim
www.rosenheimer.com

Titelbild: Klaus G. Förg, Rosenheim
Lektorat: Christine Weber, Dresden
Satz: SATZstudio Josef Pieper, Bedburg-Hau
Druck und Bindung: CPI Moravia Books, Pohořelice
Printed in Czech Republic

ISBN 978-3-475-54437-8

Inhalt

Vorwort

»Nämbärch« – so wird Nürnberg, die schöne und an Geschichte reiche, kreisfreie Großstadt Mittelfrankens im typisch fränggischen Dialekt genannt.

Für manchen Nürnberger ist sie die »gefühlte« Hauptstadt Frankens.

Wenn man von der Kaiserburg, die mächtig und trutzig über Nürnberg thront, über den Albrecht-Dürer-Platz und weiter, unterhalb der Sebalduskirche, in die Winklerstraße einbiegt, steht linker Hand, wo das Schulgässchen abzweigt, ein denkmalgeschütztes Gebäude aus dem 14./15. Jahrhundert: das »Haus zum Savoyischen Kreuz«.

Es ist in typisch fränkischer Bauweise aus Sandstein errichtet, an der Westseite kann man noch das Wappen von Savoyen mit der Jahreszahl 1690 erkennen.

Wie man in alten, historischen Ansichten sehen kann, war es früher einmal ein imposantes vierstöckiges Bürgerhaus mit Läden und Werkstätten im Erdgeschoss, im Laufe der Jahrhunderte erfuhr das Haus eine wechselvolle Geschichte.

Mal war eine Uhrmacherei dort beheimatet, dann, um 1830 herum, die »Felseckersche Buchhandlung«. Später zog ein Seilermeister ein, und vor dem Zweiten Weltkrieg gehörte das Haus der Wäschereibesitzerin König. 1945, während der schweren

Bombenangriffe auf Nürnberg, wurde das Haus größtenteils zerstört, erhalten blieben nur noch das Keller- und Erdgeschoss sowie Teile des ersten und zweiten Obergeschosses.

Bereits 1946, also kurz nach dem Krieg, erfolgte der Wiederaufbau, allerdings nur bis zum zweiten Obergeschoss. Darüber wurde ein Notdach errichtet, und so steht das Haus heute noch.

Jetzt beherbergt das Haus eine besondere Nürnberger Lokalität:

Lieber. Lust und Leidenschaft

steht auf der linken Eingangstür des Erdgeschosses, hinter der sich ein außergewöhnlicher Blumenladen verbirgt. Dass es sich nicht um ein herkömmliches Floristikgeschäft handelt, wird schon an der äußeren Dekoration deutlich – und erst recht, wenn man das Geschäft betritt: Der kleine Laden scheint eher eine florale Werkstatt zu sein.

In der Vorweihnachtszeit, als ich ihn entdeckte, war die Luft erfüllt vom herben und kräftigen Duft von Kiefern, Tannen und anderen grünen Gewächsen, dazwischen bunte Farbtupfer von Blumen und wenige, aber edle Accessoires.

Im hinteren Teil des Ladens werden mit flinker und kundiger Hand Dekorationen, Bouquets und Kränze nach den Wünschen der Kunden gebunden. Der rechte Eingang des Hauses führt in

»Marias Eremitage«

eine kleine, aber feine Vinothek mit ausgesuchten Weinen und einem Bistro, in dem täglich, an Tischen aus alten Weinfässern, ein ausgewähltes Mittagsgericht aus biologischen Zutaten der Region zu einem moderaten Preis angeboten wird.

Am Nachmittag ist das Lokal Einkehr und Treffpunkt auf ein oder zwei Gläschen Wein oder zu einer Tasse Kaffee, Cappuccino oder Espresso.

Hier, in der Eremitage schwingt Marias Lebensgefährte Willi Kuhl, von Gästen liebevoll der »Zaubermann« genannt, das Zepter.

Herrin dieses gesamten kleinen Reiches ist Maria Lieber. Die stämmige Frau ist ständig unterwegs, eilt geschäftig zwischen Blumenladen und Eremitage hin und her, um überall nach dem Rechten zu sehen.

Hier habe ich Maria Lieber kennengelernt: eine starke, vitale Frau mit einem großen Herzen.

So ungewöhnlich wie sie selbst ist ihre Lebensgeschichte. Nach allem, was sie erlebt hat, trotz der Schicksalsschläge und Turbulenzen, hat sie nie ihren Optimismus, die unglaubliche Lebensfreude und ihre nahezu unerschöpfliche Energie verloren.

Dieses Buch erzählt ihre Geschichte – ganz so, wie Maria sie mir in vielen Gesprächsstunden zugetragen hat.

Viktoria Schwenger

Meine Kindheit und Jugend
im Spessart

»Maria! Maria! Kumm, helf mal mit! Der Zement ist da!«

Mein Vater rief es in die Werkstatt, die im Anbau meines Elternhauses untergebracht war.

Ich ließ sofort alles stehen und liegen und lief nach draußen. Den Vater durfte man nicht lange warten lassen, schnell wurde er ungeduldig und begann zu schimpfen.

Er war Steinmetz und arbeitete überwiegend auf dem Bau; fertigte Böden, Treppen, Fensterbänke und Einfassungen an – tat eben alles, was ein Steinmetz zu verrichten hat. Gelegentlich wurde auch ein Grabstein in Auftrag gegeben, doch das war eher die Ausnahme.

Draußen stand der VW-Transporter, voll beladen mit Säcken mit Terrazzokörnung. Wie ein Mann hievte ich mir einen der schweren Säcke auf den Rücken und schleppte ihn in die Werkstatt, dann ging ich nach draußen und holte, zusammen mit dem Vater, noch einen und noch einen, bis der Transporter entladen war.

Endlich war es geschafft, ich aber auch, mein Rücken schmerzte.

»War's dir zu schwer?«, fragte mich mein Vater und sah mich prüfend an, als ich mir, schwer atmend, den Schweiß von der Stirn wischte und mich aufrichtete.

»Naa, naa, des geht scho«, gab ich zurück.

»Nedd dass ich wieder auf'd G'meinde muss, wegen der Kinderarbeit, weißt schon.«

Ich schüttelte den Kopf. »Naa, naa, des basst scho!« Ich packte wieder einen Sack und schleppte ihn in eine Ecke.

Ich war gerade zwölf Jahre alt.

Mein Vater, Amandus Lieber, der von allen kurz »Amand« genannt wurde, war vor Kurzem, auf eine Anzeige hin, auf die Gemeinde bestellt worden.

»Du, Amand, da hat dich jemand anzeigt wegen Kinderarbeit. Die Maria, weißt schon. Das Maadla arbeitet vielleicht doch zu schwer bei dir, des hab' ich mir auch schon amal denkt.«

Ich hatte meinen Vater auf die Gemeinde begleitet und beteuerte sogleich: »Naa, naa, des basst scho. Die Arbeit macht mir nix aus.«

Der Bürgermeister wiegte bedenklich den Kopf.

»Kann scho sein, aber a Kind ist's doch noch die Maria, Amand. Was sagt denn dei Frau, die Helga, dazu?«

»Ach was, die sagt nix, und ich pass scho auf'die Maria auf«, versicherte mein Vater und legte seine schwere Hand auf meine Schulter. Damit war die Sach erledigt.

Ich hatte schon mit zehn Jahren begonnen, in der Werkstatt des Vaters zu helfen. Meist machte ich die Arbeit gern, selbst wenn ich dadurch nicht so viel Zeit zum Spielen hatte wie andere Kinder.

Meine Familie lebte schon seit Generationen in dem kleinen Ort Partenstein im Spessart, der mit seinen grünen Hügeln, Bäumen und Wäldern und den romantischen Fachwerkdörfchen für mich eine der schönsten Gegenden Deutschlands ist.

Partenstein ist eine hübsche, etwas verschlafene Gemeinde im mittleren Spessart mit damals ungefähr 2.500 Einwohnern; einer evangelischen wie auch einer katholischen Kirche und Geschäften für den täglichen Bedarf.

Über dem Ort, auf einem felsigen Bergsporn, thront die Burgruine Bartenstein. Sie war 1180 von den Grafen von Rieneck errichtet und nach einer wechselvollen Geschichte im Dreißigjährigen Krieg zerstört worden. Das Burgareal war einst für uns Kinder aus Partenstein ein abenteuerlicher, wenn auch nicht ganz ungefährlicher Spielplatz.

Alle meine Vorfahren waren Bauern gewesen; so hatte sich im Laufe der Zeit durch Zukäufe, Heiraten und Erbschaften ein beträchtlicher Grundbesitz angehäuft.

Nach dem Tod meiner Großeltern wurde der Besitz zwischen den noch lebenden Kindern, meinem Vater und seinen drei Schwestern, durch Los aufgeteilt. Das war anders als früher, als meist der älteste Sohn Alleinerbe war, um den Gesamtbesitz zu erhalten, und dann allenfalls seine Geschwister auszahlen musste. Meine Großeltern hatten dagegen verfügt, dass der Besitz zwischen allen Kindern aufgeteilt würde, vielleicht, weil mein Vater kein Bauer, sondern Steinmetz geworden war.

Die Grundstücke wurden notiert, die Zettel kamen in einen versilberten Kübel, daran erinnere ich mich noch.

Nacheinander zogen die Geschwister dann die Lose heraus und bekamen so die Grundstücke zugeteilt.

Auch ich durfte Lose ziehen: Zwei der drei Söhne meiner Großeltern waren im Krieg geblieben; einer der beiden hatte während eines Heimaturlaubs geheiratet – eine echte Blitzhochzeit.

Aus dieser Ehe war eine Tochter hervorgegangen, die gerechterweise auch mit mehreren Grundstücken bedacht wurde und deren Lose ich ziehen durfte.

Später, in den Sechzigerjahren, als in Partenstein ein Bauboom ausbrach und die Schwestern Geld zum Hausbau brauchten, verkauften diese nach und nach Grundstücke an ihren Bruder, meinen Vater, sodass sich am Ende der Besitz wieder fest in Lieber'scher Hand befand. So sollte es nach der Meinung meines Vaters sein. Er erbte das Elternhaus, das meine Familie in Partenstein besaß, und richtete in den früheren landwirtschaftlichen Nebengebäuden eine Werkstatt ein.

Wie gesagt, arbeitete er überwiegend für den Bau; besonders die Bodenbeläge aus Terrazzo waren in den Fünfziger- und Sechzigerjahren beliebt.

Terrazzo besteht aus gebranntem Kalk und Zement mit Zuschlägen aus Gesteins- oder Ziegelsplitt, die individuelle Farbmuster entstehen lassen. Wenn die Mischung aufgebracht war, musste der Terrazzo geschliffen und dann poliert werden. Ich erinnere mich gut an diese anstrengende Arbeit, die viel Staub erzeugte, den wir einatmeten. Das war auch der Grund für die spätere Erkrankung meines Vaters. Wie viele Steinmetze litt er an einer sogenannten Staublunge, denn damals wurde noch nicht wie heute mit entsprechendem Mund- und Atemschutz gearbeitet.

Mein Vater war ein vitaler, lebenslustiger und gut aussehender Mann, der gern den Frauen nachsah.

Er war streng, und es setzte oft Schläge, wenn ich nicht so »funktionierte«, wie er es sich vorgestellt hatte.

Als die Oma noch lebte, verbrachte ich viel Zeit bei ihr, denn auch meine Mutter half in der Firma mit.

Meine Großmutter lebte im linken Teil unseres Hauses; ich hatte ein sehr inniges, liebevolles Verhältnis zu ihr.

Der Vater erwartete damals, dass sie mir kleinem Mädchen das Kochen und Putzen beibrachte. Später, wenn etwas nicht so gelang, wie er es erwartete, gab es schnell die eine oder andere Ohrfeige.

»Hast denn bei der Oma gar nix g'lernt?«, hieß es dann vorwurfsvoll.

An meine ganz frühe Kindheit kann ich mich naturgemäß nicht erinnern, manches weiß ich nur aus Erzählungen meiner Mutter, so auch die folgende Episode.

Meine Mutter stillte mich – selbst zu dieser Zeit war das eine Besonderheit –, bis ich vier Jahre alt war.

Mein Vater spielte bei einer Laienspielgruppe mit, und eines Abends sollte die Premierenvorstellung sein. Meine Mutter wäre gern mit hingefahren, doch das ging nicht, weil sie mich ja versorgen musste. In der Öffentlichkeit zu stillen, so wie das heute gang und gäbe ist, war damals undenkbar!

Das ärgerte meinen Vater so gewaltig, dass er ein Glas mit scharfem Senf holte, wütend die Brustwarzen meiner Mutter damit einrieb, mich packte und an die Brust legte.

Ich muss fürchterlich gespuckt und geschrien haben, als ich den höllisch scharfen Senf statt der gewohnten süßen Muttermilch schmeckte. Das Stillen hatte sich damit erledigt, nie mehr wollte ich an die Mutterbrust.

Senf kann ich bis heute nicht essen, da muss ich geradezu würgen.

Zu Weihnachten bekam ich einmal eine Puppe von ihm geschenkt, eine »Negerpuppe«, wie man damals noch ungeniert sagte. Die hatte ein »Zipfala«, war also ein Bub!

Das galt im Dorf bei den anderen Mädchen als Sensation, denn bis dahin waren Puppen stets geschlechtslos! Ich war mächtig stolz und zeigte das »Zipfala« überall herum.

Da haben sich die Leute mal wieder über den Amand 's Maul zerrissen, der seiner Tochter »so was« schenkt!

Meine Patin Lisbeth schickte mir immer besonders hübsche Kleider, die sie aus Amerika bekam: solche mit vielen Rüschen. Die trug ich voll Stolz und führte sie in Partenstein vor. Damals zeigte sich schon, dass ich anders als die anderen sein wollte und an schönen Dingen große Freude hatte.

Einmal hat mir mein Vater Schuhe gekauft, himmelblaue Ballerinas mit Schleifchen vorne drauf. Die Schuhe waren mir etwas zu groß, vermutlich waren sie auf Zuwachs gekauft worden. Meine Mutter stopfte sie einfach mit Papier aus. Ich war so was von stolz, fühlte mich wie eine Prinzessin!

Zur großen Fronleichnamsprozession in Partenstein durfte ich die Ballerinas zum ersten Mal anziehen.

Ich ging vor der Kindergruppe und trug das Bild der Muttergottes in der Hand, eine besondere Ehre.

Mitten während der Prozession verlor ich einen Schuh, traute mich aber nicht, anzuhalten und nach ihm zu suchen. Ich trug doch das Marienbild von Altar zu Altar! Mit nur einem Schuh humpelte ich weiter bis zum vierten Altar.

Dort stand mein Vater. Als er mich sah, an einem Fuß strumpfsockig, trat er vor mich hin, nahm mir das Marienbild aus der Hand, stellte es auf den Altar und verabreichte mir vor allen Leuten eine Tracht Prügel, die sich gewaschen hatte, weil ich nicht auf meine Schuhe aufgepasst hatte!

Ich erinnere mich, ich war schon etwas älter, dass im Haus nebenan eine Frau wohnte, die ich bewunderte und von unserem Garten aus heimlich beobachtete. Sie war nicht aus dem Dorf, sondern mit ihrer Familie zugezogen. Sie war blond, schlank und hatte die Haare hochtoupiert, wie das in den Sechzigern Mode war.

Immer war sie sonnengebräunt, vermutlich hatte sie eine Höhensonne daheim. Je braungebrannter man sich zeigte, umso schöner war man, das galt damals als absolut »in«. Zu der Zeit machte man sich noch keine Gedanken wegen der UV-Strahlung, während man heute, nach Meinung der Hautärzte, möglichst gar nicht mehr ohne Sonnenschutz aus dem Haus gehen soll.

Ich stand oft am Zaun und bestaunte diese Nachbarin. So wie sie wollte ich auch einmal werden!

Meist lag sie im Badeanzug oder Bikini im Garten in einer Hollywoodschaukel. Das war sensationell, so etwas hatte ich noch nie gesehen! So etwas wollte ich auch haben!

Schon damals muss ich recht kreativ, einfallsreich und aktiv gewesen sein. So holte ich mir aus der Werkstatt Leisten, Hammer und Nägel und baute ein Gestell im Garten.

Recht wacklig war es, aber das tat meiner Freude und meinem Tatendrang keinen Abbruch. Jetzt fehlte nur noch der Baldachin.

Ich eilte ins Haus, stieg auf einen Stuhl und riss die Vorhänge herunter. Die schienen mir gerade schön genug für meine Schaukel. Als ich alles drapiert hatte, kam mir eine neue Idee.

Anita, meine kleine Schwester, die damals noch ein Baby war, sollte auch bei der Einweihung der Schaukel dabei sein. Ich hob sie aus dem Kinderwagen, schleppte sie zur Schaukel und legte sie dort ab. Noch schaute sie mich lieb an.

Gerade da fuhr mein Vater mit seinem Lastwagen auf den Hof und begann, Material abzuladen. Waren es diese Erschütterungen oder die baufällige Bauweise meines Werkes, jedenfalls krachte mein ganzes Gebilde zusammen und auf Anita, die mörderisch zu schreien begann.

Mein Vater rannte herbei, schaute auf den Haufen Leisten, die Wohnzimmervorhänge und entdeckte darunter sein brüllendes Kind. Erst packte er Anita und legte sie in den Kinderwagen zurück, dann packte er mich.

Er versetzte mir solch eine Tracht Prügel, dass ich Pipi in die Hose gemacht hab'. Das machte ihn noch wütender, und er schlug noch heftiger zu, bis endlich meine Mutter als Retterin nahte.

Später einmal, mein Vater hatte auf der Rüttelplatte Betonfassungssteine für die Gärten gemacht und hintereinander zum Trocknen aufgestellt, spielte ich mit einer Freundin Fußball im Hof.

Wie es der Teufel wollte, knallte mein Ball auf den ersten der Steine, der kippte und riss, wie bei einem Dominospiel, alle Steine nacheinander mit sich um.

Da hat es wieder einmal eine ordentliche Tracht Prügel gesetzt. Einmal, so entsinne ich mich, musste ich Gummileisten erhitzen, die mit dem Rüttler an der Vorderseite der Treppenstufen als Rutschsperre eingelegt werden sollten.

Als ein paar Schulfreundinnen vorbeikamen, spielten wir, und ich vergaß die im heißen Wasser eingelegten Streifen. Als der Vater die verdorbenen, aneinandergeklebten und nicht mehr verwendbaren Stücke sah, wurde er wieder einmal wütend. Unsanft packte er mich und bugsierte mich in eine Ecke der Werkstatt.

»Da bleibst jetzt stehen, bis'd schwarz wirst und bis'd dir merkst, dass man von der Arbeit nedd wegrennt.«

Erst ein Kunde und Freund von ihm sah mich, unglücklich und niedergeschlagen, in der Ecke stehen und erlöste mich. Ich glaub', der Vater hätte mich sonst bis zum Jüngsten Tag dort gelassen.

Wenn ich heute an diese Geschichten denke, wundere ich mich doch ein bisschen, dass ich später mit so einer großen Liebe an meinem Vater hing.

Doch so streng und manchmal fast böse er auch sein konnte, muss ich zu seiner Entschuldigung sagen, dass es wirklich eine andere Zeit damals gewesen ist. Schläge für Kinder waren an der Tagesordnung und galten als probate Erziehungsmaßnahme. Heute dagegen wird das als Kindesmisshandlung angesehen und kann sogar strafrechtlich verfolgt werden.

Trotz allem versuchte ich immer, ihm zu gefallen, und wenn er mich lobte, so war das für mich wie ein Stück des Himmels und entschädigte mich für manches Vorangegangene.

Meine Mutter war eine stille, ruhige Frau. Ich kann mich kaum daran erinnern, sie einmal lachen gehört zu haben. Sie versorgte den Haushalt und die Kinder, arbeitete aber auch im Betrieb mit – vielleicht auch, um meinen lebenslustigen, temperamentvollen Vater wenigstens ein bisschen unter Kontrolle zu haben.

Als ich sechs Jahre alt war, wurde sie wieder schwanger, und als es so weit war und sie in den Wehen lag, wurde zur Hausgeburt eine Hebamme geholt. Wieder war es, zur herben Enttäuschung meines Vaters ein Mädchen, das Anita genannt wurde. Er hatte sich so sehr einen Buben gewünscht wie schon bei meiner Geburt. Dennoch wurde mit der Hebamme und einem Freund meines Vaters, der Schnapsbrenner war, mit dessen Zwetschgenschnaps auf die glückliche Geburt des Kindes angestoßen.

»Maria, bring die Flasch' in den Keller runter!« Mein Vater gab mir die halb leere Flasche.

Auf dem Weg zum Keller setzte ich mich auf die Kellertreppe und probierte neugierig das Getränk, das dem Vater so geschmeckt hatte. Erst als ich nicht mehr nach oben kam und die Mutter ängstlich nach mir fragte, sah er nach mir.

Ich lag sturzbetrunken auf der Treppe, die fast leere Schnapsflasche neben mir. Als die Mutter im Wochenbett entsetzt aufschrie, meinte Vater ungerührt: »Des wird des Maadla scho' aushalten.«

Ich muss eine Alkoholvergiftung gehabt haben; am nächsten Tag fühlte ich mich, als müsste ich sterben.

Seither habe ich nie wieder Schnaps getrunken.

Ich wusste, dass sich mein Vater sehnlichst einen Buben gewünscht hatte, das sagte er mir oft genug. Nach Kräften bemühte ich mich, ihm den nicht vorhandenen Sohn zu ersetzen, wollte ihm alles recht machen, damit er stolz auf mich wäre.

Doch er war nicht nur so streng, wie ich bisher beschrieben habe, sondern andrerseits auch sehr großzügig.

Er besaß ein Motorrad mit Beiwagen und nahm mich oft auf Ausflüge mit, die er zusammen mit seinem Freund und dessen Sohn machte.

Wir setzten uns auf das Gefährt, fuhren los, und wenn ich fragte, wo es denn hinginge, meinte er nur: »Wirst schon sehen, ich weiß es selbst noch nedd.«

Ich erinnere mich an eine Fahrt nach Schloss Linderhof, nach Hohenschwangau und Neuschwanstein, die wir vier gemeinsam unternahmen.

Wir Kinder bekamen dann eine »Sinalco« – eine Zitronenlimonade – und eine Tafel Schokolade und waren zufrieden. Unsere Väter sahen wir geraume Zeit nicht mehr, die vergnügten sich auf ihre Weise.

Ich kann mich nicht erinnern, dass die Mutter jemals bei solchen Touren mit dabei war. Sie blieb meist zu Hause bei ihrer kleinen Tochter Anita, die als kränklich galt und der all ihre Liebe und Fürsorge gehörte, sofern die Arbeit Zeit dafür ließ.

Ich mochte meine kleine Schwester gern, auch wenn sie mir viel von der Zeit und Liebe meiner Mutter stahl.

Anita blieb stets Mamas Liebling, während ich »Vaters Kind« war. Auch wenn ich oft uneins mit ihm war, so hing ich doch an ihm.

Manchmal gingen wir miteinander wandern, im Spessart oder rund ums Dorf.

Immer, wenn wir auf der »Hofhöh« standen und unterhalb Partenstein liegen sahen, sagte mein Vater:

»Das Grundstück mag ich besonders gern, da liegt einem ganz Partenstein zu Füßen, und den Grund sollst später einmal du kriegen, Maria! Vielleicht kannst dir da mal ein Haus bauen, denn du bleibst ganz sicher in Partenstein, oder?«

Ich nickte. Partenstein und meinen Vater zu verlassen, war gänzlich unvorstellbar für mich. Wie anders alles kommen sollte, auch mit der Hofhöh, das konnte ich damals nicht ahnen.

Als ich elf war, wechselte ich nach der Volksschule an die Mittelschule in Lohr, die nächste größere Stadt, die mit dem Schulbus in fünfzehn Minuten zu erreichen war. Es war eine reine Mädchenschule. Den Mädchen in den höheren Klassen wuchsen bereits kleine Brüstchen, was mich besonders neugierig machte, da ich noch platt wie eine Flunder war.

»Du musst dir die Brust mit Zitrone einreiben, Maria, das bringt's! Da kriegst einen schönen, großen Busen«, erzählte mir eine Freundin.

Da kaufte ich mir von meinem gesamten Taschengeld, immerhin zwei Mark, in einem Laden in Lohr Zitronen, um heimlich meine Brust einzureiben. Es hat, zu meiner großen Enttäuschung, zumindest nicht sofort genutzt. Aber meine Brüste wuchsen später recht stattlich – und das von ganz allein, ohne Zitronensaft.

Als ich die Schule mit der Mittleren Reife beendet hatte, war es selbstverständlich, dass ich den Beruf der Steinmetzin erlernen würde, und ich ging bei meinem Vater in die Lehre. Es war weiß Gott keine einfache Zeit, schwere Arbeit noch dazu. Aber ich schonte mich nicht, ich wollte arbeiten wie ein Mann, mein Vater sollte keinen Grund zur Klage haben.

»Der Apfel fällt nicht weit vom Birnbaum«, sagt man scherzhaft, und so war es auch mit mir und dem Vater. Ich hatte den gleichen Dickschädel wie er, so gerieten wir manches Mal aneinander – vor allem, wenn er wieder einmal zu despotisch und cholerisch wurde. Alles ließ ich mir inzwischen jedoch nicht mehr gefallen.

Meine Mutter schüttelte oft den Kopf über uns zwei Kampfhähne und seufzte: »Die Maria und der Vadder! Die können nedd miteinander und nedd ohne einander!«

Trotz allem möchte ich sagen, dass ich eine glückliche Kindheit hatte. Wir Kinder in Partenstein hatten damals noch viel Freilauf, waren unterwegs, draußen in der Natur, in Feld und Wald.

Ich wurde zwar streng gehalten, aber es war noch nicht so viel Druck, wie er heute oft auf Kindern lastet. Wir waren noch frei von Computern, Laptops oder Handys und hatten, trotz Schule und Arbeit daheim, viele freie Stunden zum Spielen.

Es war halt noch eine andere Zeit.

Nachdem ich meine Lehrzeit beendet hatte, arbeitete ich weiter als Gesellin im väterlichen Betrieb, bevor ich nach zwei Jahren nach Aschaffenburg auf die Meisterschule ging. Da war ich zum ersten Mal von daheim fort.

Ich war nicht nur die jüngste Absolventin des Jahrgangs, sondern auch die einzige Frau unter lauter Männern, die die Steinmetz-Meisterprüfung schaffte. Natürlich war mein Vater stolz auf mich, aber dreinreden in seinen Betrieb ließ er sich nicht von mir. Dabei war ich so voller Ideen und habe ihm viele Vorschläge zur Verbesserung gemacht, wie ich es eben auf der Meisterschule gelernt hatte. Egal ob im Hinblick auf neue Techniken oder Maschinen, die einem die Arbeit erleichtert hätten, es war nicht mit ihm zu reden, da blieb er stur. So, wie er es machte, so musste es richtig sein. Oft hat mich geärgert, dass er sich so gar nichts hat sagen lassen.

Ich war zu einem hübschen Mädchen herangewachsen, und die Burschen des Ortes – und nicht nur diese – drehten die Köpfe nach mir. Doch egal welchen jungen Mann ich mit nach Hause brachte, dem Vater war keiner recht.

»Hast du dem sei Mudder scho mal g'sehen? Des tät amal dei Schwiegermudder werden! Denk mal, Maria – des tät ich mir nedd an!«, klingen mir seine Worte heute noch im Ohr.

Ein anderer wiederum war evangelisch, und ein Protestant als Schwiegersohn in meiner erzkatholischen Familie, das ging zur damaligen Zeit gar nicht.

Der Nächste passte ihm nicht, »weil der der Mudder beim Zwetschgenklauben nedd g'holfen hat«. »Einen so faulen Kerl brauchsd nedd daherbringen. Da mussd später alles selber machen, Maria!«

Keiner der Bewerber war dem Vater gut genug für mich, seine Maria.

Ich hatte inzwischen, als eines der wenigen Mädchen im Dorf, den Führerschein gemacht und besaß sogar ein eigenes Auto. Mit meinen Kumpels machte ich Spritztouren durch die Gegend. Ich liebte damals schon das schnelle Fahren, das hab' ich sicherlich von meinem Vater geerbt, der auch gern flott unterwegs war.

Wieder einmal hatte ich mit meinen Freunden einen Ausflug geplant, doch mein Vater erlaubte es einfach nicht.

»Maria, da kannst nedd mit. Wir haben noch eine Arbeit aufm Bau fertig zu machen. Da hilft alles nix, erst kommt die Arbeit, dann der Spaß!«

Ich war ihm daraufhin sehr gram und bei der Arbeit recht bockig und einsilbig.

Doch welch ein Glück hatte ich! Noch in der Nacht kam die schreckliche Nachricht, dass meine Freunde, sie waren zu sechst in einem kleinen VW-Bus unterwegs gewesen, auf dem Weg nach München allesamt tödlich verunglückt waren.

Es war ein Schock für das ganze Dorf. Alle waren die einzigen Kinder ihrer Eltern gewesen, und einige von ihnen hatten kurz davor gestanden, den elterlichen Betrieb zu übernehmen.

Für mich war am schlimmsten, dass mein Namensvetter und guter Freund, Adelbert Lieber, unter den Verunglückten war. Ich konnte es nicht fassen, dass dieser lebenslustige junge Mensch, den ich so gern gehabt hatte – plötzlich nicht mehr da sein sollte.

Es war, nachdem meine geliebte Oma gestorben war, das zweite Mal, dass ich mit dem Tod in

Berührung kam, und noch dazu in so tragischem Ausmaß. Ich weinte bitterlich um meine Freunde.

Mein Vater legte den Arm um mich und tröstete mich. »Siehst, Maria, manchmal hat etwas vermeintlich Schlechtes doch sein Gutes. Jetzt warst so sauer, dass ich dich nedd hab mitfahren lassen. Stell dir vor, du wärst dabei gewesen und wärst jetzt auch tot! Des hätt' ich nie verwunden, da wär ich mein Leben lang nimmer froh g'worden.«

Wenn man jung ist, vergisst man schnell. Den Blick nach vorn gerichtet, fuhr ich bald darauf mit meinen Freundinnen an den Gardasee. Natürlich nicht ohne viele Ermahnungen der Eltern, ja nicht zu schnell zu fahren und vor allem nie, wenn man Alkohol getrunken hat. Das musste ich hoch und heilig versprechen, und daran habe ich mich immer gehalten.

In unserer jugendlichen Unbekümmertheit hatten wir keine Unterkunft gebucht. Tatsächlich war, als wir am Ziel ankamen, alles belegt. Auf der Suche nach einem Quartier fragte ich einen Fremden auf der Straße, wo wir eine Unterkunft finden könnten.

»Fahrt einfach hinter mir her, ich zeig euch was!«

Ohne die geringsten Bedenken fuhren wir ihm nach, bis zu einem kleinen Dorf namens San Gervasio bei Manerba. Dort hat er uns, spät in der Nacht, in seinem Haus einquartiert.

Am nächsten Morgen stellte sich heraus, dass der Mann vier Söhne und eine Tochter in unserem Alter hatte. Was für ein Spaß! Wir verbrachten herrliche Urlaubstage mit ihnen, machten Ausflüge in die Umgebung und grillten abends bei ihnen im Garten.

Als es nach einer Woche ans Abschiednehmen ging und wir bezahlen wollten, überreichte uns der Hausvater eine Rechnung, auf der stand groß, dass wir null Lire zu zahlen hätten!

Später, als ich wieder daheim war, schickte mein Vater ein großes Paket mit Wein und fränkischen Spezialitäten nach Italien. Zu dieser italienischen Familie hat sich über die Jahre eine nette Freundschaft entwickelt, und einige der »Kinder« machten sogar ihre Hochzeitsreise zu uns nach Partenstein.

Dieses Beispiel von Gastfreundschaft anderen gegenüber habe ich mir für mein Leben als Vorbild genommen. Gastfreundschaft und Großzügigkeit sind mir bis heute wichtig.

Später einmal fuhr ich mit einigen Freundinnen nach Ruhpolding im tiefsten Bayern in den Urlaub zum Skifahren. Skifahren konnte und liebte ich, denn auch im Spessart gibt es Berge mit Skiliften, wenn auch nicht ganz so lange Pisten wie in Bayern.

Abends nach dem Skifahren saßen wir zusammen im »Kurhaus«, wo sich alles zum Après-Ski traf, auch wenn man diesen Begriff damals so nicht kannte. Wie üblich ging es hoch her, und alsbald saßen ein paar Männer bei uns am Tisch.

Einer von ihnen interessierte sich ganz offensichtlich besonders für mich. Er quetschte sich neben mich und nahm meine Hand.

»Wie kommst du denn zu solchene Händ'?«, fragte er verblüfft und musterte meine von der schweren Arbeit schrundigen, aufgeschürften und an den Fingerkuppen blutigen Hände.

Ich entzog sie ihm schnell und meinte patzig: »Das geht dich nichts an! Ich arbeit' halt schwer und mit de Händ', aber des macht stark.«

»Aha! Wenn du so stark bist, dann kannst ja morgen bei dem großen Langlaufwettbewerb mitmachen, oder traust dich des nedd?«

So etwas durfte man zu mir nicht sagen, sofort war mein Kampfgeist geweckt! »Klar trau ich mich, da mach ich mit!«, gab ich keck zurück.

Anneliese, meine Freundin, stieß mich in die Seite. »Maria, du kannst doch gar nedd langlaufen! Du kannst doch nur bergab!«

»Pah, des tät ich schon schaffen, aber ich hab' keine Langlaufski!«

»Die besorg' ich dir schon«, lachte der Mann.

So kam es, dass ich am nächsten Tag zu einem Langlaufwettbewerb über fünfzig (!) Kilometer antrat. Ich hatte keine Ahnung, wie das Langlaufen ging, welche Technik man anwandte – und so ganz wohl war mir nicht in meiner Haut, das muss ich zugeben. Aber wenn ich mir einmal etwas in den Kopf gesetzt und etwas zugesagt habe, dann ziehe ich das durch, auf Gedeih und Verderb.

Es wurde eine Katastrophe! Immer wieder stürzte ich, Langlaufen war doch etwas ganz anderes als bergab zu fahren. Beim Hügel-Hinauffahren rutschte ich ständig zurück, und beim Abfahren stürzte ich in der von den Wettbewerbern vor mir ausgefahrenen Loipe. Die Schuhe waren viel zu groß und die Ski vermutlich nicht gewachst oder ganz unpassend. Ich stürzte mehr, als ich vorankam, und manches Mal war ich kurz vorm Aufgeben. Die anderen waren weit vor mir, kaum mehr zu sehen, ich ganz allein und einsam auf der Loipe. Doch ich hielt eisern durch, rappelte mich immer wieder hoch. Aufgeben kam nicht infrage.

Als letzte, aber immerhin noch fünf Minuten vor Ende der anberaumten Zeit, fuhr ich abgekämpft und verschwitzt durchs Ziel. Ich hatte es gerade noch geschafft!

»Typisch Maria! Die muss doch immer ihren Dickschädel durchsetzen, die gibt nedd auf«, tuschelten teils bewundernd, teils neidisch meine Freundinnen.

Am Zieleinlauf stand der Typ vom Vorabend mit einem großen Wurstkranz, den er mir um den Hals hängte.

»Ich hab g'sehn, wie oft du gefallen bist und dich immer wieder aufg'rappelt hast«, meinte er bewundernd.

»Mein Vater sagt immer: ›Hinfallen darf man, aber dann muss man aufstehen, des Krönchen richten und weitermachen‹, weißt?«, gab ich, noch von der Anstrengung keuchend, zurück.

Dieses Lebensmotto habe ich von meinem Vater übernommen. Auch in meinem späteren Leben würde ich es noch sehr oft bitter nötig haben.

Abends bei der Siegerehrung setzte sich der Mann wieder an unseren Tisch. Er war selbst mitgelaufen, unter den ersten zehn gewesen, und wieder bewunderte er mich für meine Leistung. Ehrlich gesagt, das tat mir richtig gut.

Ich besah mir den Kerl genauer. Er schien um einiges älter zu sein als ich, die ich gerade zwanzig Jahre jung geworden war. Fritz, so hieß er, sah gut aus und benahm sich galant und höflich, ganz anders als mancher der Burschen von daheim, vom Dorf.

Er erzählte, er käme aus Nürnberg und hätte eine gute Stelle bei dem damaligen großen Versandhaus »Quelle«. Fast jeder Haushalt in Deutschland hatte damals den Katalog dieses Unternehmens daheim, in dem sämtliche Waren – neueste Mode, Schuhe, Elektrogeräte und Haushaltsgegenstände, ja sogar Möbel – angeboten wurden.

Fritz wollte zu gern meine Adresse haben, doch da hätte ja jeder daherkommen können! Ich gab ihm eine fingierte Adresse aus dem Nachbardorf und dachte, damit hätte sich die Sache erledigt.

Als ich wieder nach Hause kam, wusste mein Vater schon von der ganzen Geschichte; eine Familie aus Partenstein war auch in Ruhpolding gewesen und hatte ihm alles brühwarm erzählt.

»Was für an Kerl hast denn da aufgetrieben?«, fragte er argwöhnisch.

Ich tat es mit einer Handbewegung ab: »Ach, des is nix«, gab ich zurück.

Bald darauf, ich kam gerade im Arbeitsanzug und mit den Haaren voll Staub vom Schleifen aus der Werkstatt, fuhr ein eleganter Wagen mit einer Nürnberger Nummer auf den Hof.

Was will denn der bei uns?, dachte ich verblüfft und schaute misstrauisch hin. Doch schon stieg Fritz aus dem Wagen und kam grinsend auf mich zu.

»Da schaust, gell? Hab' ich dich doch g'funden, auch wenn du mir eine falsche Adresse geben hast. Aber so leicht kommsd mir nedd davon, Maria!«

Ich wurde feuerrot. »Wie hast mich denn g'funden?«, stotterte ich.

Er lachte. »Ich war hier in Partenstein bei der Schuhfabrik und hab dein Foto rumzeigt. Des Dorf, des du mir g'nennt hast, ist ja gleich daneben und ich hab' mir denkt, vielleicht kennt dich jemand. Tatsächlich hat einer g'sagt, dass du dem Lieber aus Partenstein seine Ältere bist, und jetzt bin ich da!«

Ich wusste vor Verlegenheit weder ein noch aus, schon gar nicht, was ich sagen sollte, wenn ich auch sonst nicht auf den Mund gefallen war.

»Ich hab dich g'sucht und g'funden, und dafür mussdd amal mit mir ausgehn«, forderte Fritz.

Ich konnte nur nicken, doch es hat mir schon mächtig imponiert, dass der Mann so hartnäckig nach mir gesucht hatte.

An einem der nächsten Abende holte mich meine Urlaubsbekanntschaft mit ihrem Wagen ab, und wir fuhren zu einem Lokal, das ich bisher nur vom Sehen kannte. Nie hätte ich mich da allein neintraut. Es wurde ein wirklich schöner Abend mit Fritz.

Immer öfter trafen wir uns von da an, wir gingen viel aus, und er stellte mich seinen Freunden vor.

Fritz zeigte mir eine Welt, die mir bis dahin völlig unbekannt war. Irgendwann funkte es auch bei mir, und ich habe mich in Fritz verliebt – zum Missfallen meines Vaters, der Fritz längst ins Gebet genommen und ausgefragt hatte.

»Der ist viel zu alt für dich, der könnt' fast dein Vadder sein«, meinte er missbilligend, denn Fritz Schuh war immerhin fünfzehn Jahre älter als ich. »Der kann dir keine Lieb zeigen, Maria!«, fügte er brummend hinzu.

Doch dieses Mal setzte ich meinen Willen durch. »Den und kaan annern heirat' ich!«, bestimmte ich, und als Fritz mir einen Heiratsantrag machte, sagte ich »Ja«.

Meine Eltern waren alles andere als erbaut.

»Des is' so ein Weltverbesserer, der glaubt, er kann alles besser«, murrte Vater, denn Fritz hatte – als Techniker, der er war – an einigen Sachen in der Werkstatt meines Vaters rumgekrittelt. Das konnte der gar nicht leiden.

Auch meine Mutter hatte er einmal vergrämt, als sie ein bei uns traditionelles Essen kochte, und Fritz meinte, so etwas würde man in Nürnberg höchstens den Hunden vorsetzen. Da war es auch bei meiner Mutter mit der Sympathie zu ihm aus.

Als ich einundzwanzig – und somit volljährig – war und Vaters Unterschrift zur Eheschließung nicht mehr brauchte, heirateten Fritz und ich.

Es war »nur« eine standesamtliche Trauung, denn ich war katholisch und Fritz evangelisch, das war zu dieser Zeit noch ein Problem, vor allem für die katholische Kirche und meine Eltern. Denen hatten wir es bis dahin vorsorglich verschwiegen, dass

Fritz protestantisch war, ich kannte ihre Einstellung dazu.

Wir hielten also standesamtlich Hochzeit und feierten im kleinsten Kreis in einem Lokal in Nürnberg, mit den Trauzeugen und einigen Freunden. Ich trug ein grünes, geblümtes Seidenkleid aus dem China-Laden Marianne von der Osten, welches ich von Fritz bekommen hatte, und war überglücklich. Mein frisch gebackener Ehemann war stolz auf mich, seine junge Frau.

Doch ein Wermutstropfen trübte diesen Tag: Meine Familie war aus Protest, weil ich keinen Katholiken heiratete, nicht zur Hochzeit erschienen.

Fritz

Mit dem Hochzeitstage zog ich von zu Hause aus.

Damals wäre es, gerade auf dem katholisch geprägten Lande, noch undenkbar gewesen, vor der Ehe zusammenzuziehen.

Der Auszug von daheim fiel mir leicht, ich war voller Erwartung und Neugier auf das neue Leben mit meinem Mann. Jetzt war ich eine verheiratete Frau!

Fritz hatte eine Eigentumswohnung in Fürth, nicht allzu weit von seinem Arbeitsplatz bei »Quelle« entfernt. Er war dort Betriebsleiter der technischen Abteilung, eine gute Anstellung, auch entsprechend bezahlt. Wir hatten keine Geldsorgen.

Quelle war zu der Zeit ein Großkonzern, zu dem nicht nur der bekannte Versandhandel, sondern auch andere Unternehmen wie »Tempo«, »Transeuropa« – einer der ersten Reiseanbieter – und einige andere gehörten.

Gustav Schickedanz, der erfolgreiche Gründer des Konzerns, führte zusammen mit seiner Frau Grete das Unternehmen.

Er war ein strenger, aber, so Fritz, gerechter Chef: ein Unternehmer vom alten Schlag, wie es sie heute kaum mehr gibt. Fritz hatte oft mit ihm zu tun und war viel für die Firma unterwegs.

Grete Schickedanz war eine sozial engagierte Mitunternehmerin, die unter anderem ein

Altersheim und einen Kindergarten in Fürth ins Leben rief. Die alten Schickedanz waren sehr honorige Leute.

Einmal, so erzählte mir Fritz, war er in deren Villa, er hatte dort etwas zu tun. Da sah er den kleinen Sohn von Madeleine, der einzigen Tochter der Schickedanz, in einem Zimmer. Der Kleine hatte ein Gewehr des Großvaters in der Hand und fingerte daran herum.

»Leg sofort das Gewehr weg!« Fritz war mit einem Satz bei dem Kind, doch der Bub schrie und weigerte sich, die Beute herzugeben.

»Her mit dem Gewehr, oder ich verhau dir den Hintern, bis er blau ist!«, fuhr ihn Fritz an.

»Dann schmeiß ich dich aus der Firma raus«, meinte der Knirps nur.

Jedenfalls hat Fritz vielleicht Schlimmes verhütet.

Nach dem Tod der alten Schickedanz übernahm deren Tochter Madeleine den Konzern, bis zur Zerschlagung im Jahre 2009, die durch ungünstige Bankgeschäfte, riskante Spekulationen und falsche Beratung ihrer Geschäftsführer ausgelöst worden war. Gut, dass ihr Vater, der »alte« Schickedanz, nicht mehr erleben musste, wie sein Lebenswerk den Bach runterging.

Aber dass Madeleine später in den Medien klagte, sie sei jetzt so arm, dass sie sogar bei Discountern einkaufen müsse, war dann doch übertrieben.

Fritz und ich führten ein schönes Leben. Für mich, die ich das kleinkarierte, eingeengte Leben in Partenstein gewöhnt war, wo jeder alles von jedem wusste und man sich keinerlei Eskapaden leisten konnte, öffnete sich eine völlig neue Welt.

Wir reisten viel, einmal sogar nach Indien. Das gefiel mir, denn ich habe, wohl von meinem Vater, den Drang in die Ferne und nach Abenteuern geerbt. Jetzt, mit Fritz, konnte ich diese Leidenschaft ausleben.

Jedes Jahr fuhren wir mit Freunden zum Skiurlaub nach Südtirol, wir waren alle mittlerweile gute Skifahrer. Ich hatte immer die neueste Ausrüstung und Bekleidung, das konnten wir uns leisten.

Der Mann meiner Freundin Jutta, der auch Fritz hieß, konnte nicht so gut Ski fahren wie wir anderen. Jutta schlug vor: »Maria, fahr doch du mit Fritz, auf dich hört er wenigstens.«

Auf dem Gletscher der Marmolada waren lauter »Busenpisten«, wie wir spaßeshalber die Buckelpisten nannten. Das war zu schwierig für Juttas Fritz, und nachdem es ihn wieder einmal geschmissen hatte, setzte er sich auf einen der Schneebusen und tobte vor Wut. Er schlug mit den Skistöcken wild um sich und brüllte: »Da bleib ich jetzt hocken, ihr könnt mich alle am Arsch lecken!«

Erst krümmte ich mich vor Lachen, als ich ihn giftig wie Rumpelstilzchen da sitzen sah, dann versuchte ich, ihm aufzuhelfen und weiterzufahren.

Bei den anderen fremden Skifahrern, die den tobenden und verzweifelten Mann sahen, kam ich damit schlecht an, und sie beschimpften mich: »Man nimmt seinen Mann, der nicht Ski fahren kann, nicht auf so eine Piste mit! Das ist unverantwortlich!«

Es half alles nix, ich musste Fritz runterbringen. So versuchte ich, ihn über die Marmolada wieder in Richtung Corvara zu lotsen, wo wir die anderen treffen wollten. Die waren schon längst unten und machten sich Sorgen, weil wir so lange ausgeblieben waren.

Immer wieder, wenn ich später die Marmolada sah oder davon hörte, musste ich an den tobenden, auf dem Schneebusen sitzenden Fritz denken. Ein unvergesslicher Anblick, der mir immer im Gedächtnis bleiben sollte.

Mein Fritz dagegen war wie ich sehr sportlich. Da haben wir gut zueinander gepasst, auch wenn er mir oft bei den Skitouren viel abverlangte und mich kein bisschen schonte.

Ich erinnere mich an eine Skitour in Alta Badia in Südtirol. Wir standen am Piz La Villa, wo eine der schwierigsten Pisten des Alpinen Skiweltcups, die Gran Risa, hinunterführt. Da wurde mir dann doch etwas mulmig, als ich sah, wie steil es da hinunterging, teilweise mit fünfzig Prozent Gefälle!

Fritz machte das nichts aus, und als ich oben zauderte, meinte er ungerührt: »Ich fahr schon mal los, du weißt ja, wo du mich findest.« Schon war er mit kühnen Schwüngen verschwunden.

Ich schaffte die Abfahrt, aber wie! Teilweise schnallte ich die Ski ab und wollte am Rande der Piste abwärts gehen, aber der Schnee war viel zu hoch, ich brach bis über die Knie ein. Also hieß es: wieder zurück auf die Piste und die Ski angeschnallt. Tränen der Wut und der Verzweiflung standen mir in den Augen; jetzt konnte ich Juttas Fritz gut verstehen, aber ich hielt durch. Ganz am Schluss der Abfahrt konnte ich vor Erschöpfung nicht mehr bremsen und fuhr geradewegs in einen kleinen Bach.

Ich war klitschnass und durchgefroren, klapperte vor Kälte und Erschöpfung mit den Zähnen, als ich in dem Café ankam, in dem Fritz mit den anderen gemütlich saß.

Bei denen herrschte großes Gelächter. Jutta war eher besorgt, als sie mich sah, aber mein Fritz meinte nur ungerührt: »Ach, meine Maria, die steht alles durch.«

Er hat viel von mir verlangt, ob beim Skifahren, beim Bergsteigen, beim Tennis oder Kajakfahren, aber ich machte alles mit.

Zimperlich zu sein, kam nicht infrage, doch das war auch nicht meine Art. Zähne zusammenbeißen und durch, lautete die Devise. Da war Fritz so hart wie mein Vater, und ähnlich wie dieser, prägte er mich sehr in jungen Jahren.

Anderseits konnte Fritz sehr liebevoll und großzügig sein. Er zeigte sich überall stolz mit mir, gelegentlich wurde er sogar gefragt, ob ich seine Tochter sei, so jung und schlank wie ich damals war. Wir gingen oft ins Theater oder in die Oper und tanzten auf Bällen ganze Nächte durch. Ein ganz anderes Leben als das, welches ich bisher geführt hatte.

Wir hatten, auch über Kollegen von Fritz, einen großen Freundes- und Bekanntenkreis, spielten Tennis im Club, immer war etwas los – und ich mittendrin. Wie ich dieses Leben genoss!

Fritz hätte es gerne gesehen, dass ich eine liebe, brave Hausfrau gewesen wäre; finanziell wäre es nicht nötig gewesen, dass ich arbeitete. Doch das war mit mir nicht zu machen, dafür war ich viel zu aktiv und unternehmungslustig.

Also arbeitete ich weiter freiberuflich als Steinmetzin, denn mit der Hochzeit hatte ich die Arbeit bei meinem Vater aufgegeben. Denn Partenstein wäre viel zu weit weggewesen, um täglich hin und her zu pendeln. Einige unserer Freunde bauten zu der Zeit ein Haus, und da konnte ich mich einbringen.

Bei einem befreundeten Steinmetz in Nürnberg hatte ich die Möglichkeit, die Werkstücke vorzurichten und dann an Ort und Stelle einzubauen. Fritz sah das nicht gern, aber ich setzte wie so oft meinen Kopf durch.

Der Kontakt zu meiner Familie besserte sich nach einiger Zeit. Meine Eltern konnten einfach nicht verstehen, dass ich nicht katholisch und kirchlich geheiratet hatte, wenn es denn schon ein Protestant sein musste. Außerdem warteten sie auf ein Enkelkind.

Den Wunsch erfüllte ich ihnen nicht; es ergab sich einfach nicht, und ich machte mir vorerst nicht allzu viele Gedanken darüber. Zum einen, so dachte ich, war ich noch jung genug, zum anderen so mit meinem neuen Leben beschäftigt, dass ich nicht übermäßig traurig über den ausbleibenden Kindersegen war. Außerdem hatte ich genügend Kinder meiner Freundinnen um mich, die oft und gern bei mir waren – denn ich hatte immer die verrücktesten Ideen, und sie durften bei mir alles machen, was daheim verboten war. Das gefiel ihnen natürlich, sie kamen stets mit Begeisterung zu »Tante Maria«.

Ich genoss das Leben mit Fritz, bis ein Vorfall diese schönen Tage vorerst beeinträchtigte.

Wieder einmal hatte ich Freunden, die gerade ein Haus bauten, versprochen, die Steinmetzarbeiten zu übernehmen. Als ich die Sandstein-Einfassungen der Einfahrt setzte, spürte ich plötzlich einen brutalen Schmerz im Rücken. Ich war nicht mehr fähig, mich zu bewegen.

Schon seit einiger Zeit hatte ich bemerkt, dass der Rücken mir Schwierigkeiten bereitete, hatte es Fritz aber verschwiegen, denn er hätte darauf bestanden, dass ich unverzüglich die schwere Steinmetzarbeit beendete. Das wollte ich auf keinen Fall.

Gleich gegenüber dem Haus wohnte ein befreundeter Arzt, der mich sofort ins Krankenhaus einliefern ließ.

Als ich dort eintraf, hatte ich bereits kein Gefühl mehr in den Beinen, war wie gelähmt. Die Untersuchungen ergaben einen schweren Bandscheibenvorfall und ein drohendes Wirbelgleiten, das im schlimmsten Fall zu einer dauerhaften Lähmung führen konnte.

Man riet mir, mich operieren zu lassen, was allerdings damals ein erhebliches Risiko bedeutete. Das wollte ich auf keinen Fall eingehen, so wurde mit einer konservativen Therapie begonnen. Dazu wurde mir eine Rehabilitation in der Klinik Enzensberg in

Hopfen am See, bei Füssen, empfohlen. Damals ahnte ich noch nicht, dass sich diese Kur ein halbes Jahr hinziehen würde.

Anfangs konnte ich nicht einmal mehr gehen, musste mich mit einem Rollwägelchen vorwärts schleppen und hatte arge Schmerzen. Doch mit eiserner Disziplin zog ich alle erforderlichen und oft sehr unangenehmen und schmerzhaften Therapien durch.

Ich wollte unbedingt wieder gesund und mobil werden. Schließlich war ich doch noch so jung!

Fritz besuchte mich, so oft er konnte; es war eine lange Trennungszeit für unsere Ehe, und ich litt unter Heimweh. Als ich endlich entlassen wurde, legte mir der Arzt sehr ans Herz, die schwere Arbeit als Steinmetzin aufzugeben.

Als ich ihm erzählte, wie hart ich schon als Kind gearbeitet hatte, schüttelte er fassungslos den Kopf. »Das ist unglaublich!«, wetterte er. »In welchem Land und in welchem Zeitalter leben wir denn? Solch schwere Kinderarbeit hätte verboten werden müssen!«

Bald darauf war ich wieder daheim. Wenn Fritz glaubte, seine Maria wäre jetzt ruhiger und besonnener geworden, hatte er sich getäuscht.

Zu Hause zu sitzen und auf ihn zu warten, bis er nach Hause käme, hätte ich mit meinem Temperament und meiner Energie nicht ausgehalten. Ich überlegte fieberhaft, was ich nun machen könnte. Es müsste eine Arbeit sein, die körperlich nicht so anstrengend, aber auch kreativ wäre.

Die Natur, Blumen und Pflanzen hatte ich schon immer geliebt, und so beschloss ich, eine Ausbildung zur Floristin zu machen.

Fritz war nicht begeistert, aber wieder setzte ich meinen Kopf durch. Ich begann in einer Gärtnerei in Nürnberg eine Lehre als Floristin, und da ich bereits einen Meistertitel in einem Handwerk vorweisen konnte, war diese Lehrzeit auf ein Jahr befristet.

Die Arbeit in der Gärtnerei gefiel mir, doch das war mir nicht genug. Ich wollte auch hier Meisterin sein!

Es gab damals eine Meisterschule für Floristik in Nürnberg, doch ich wusste, dass die »Fachschule für Blumenkunst« in Weihenstephan bei Freising die bessere und anerkanntere war.

»Dort will ich hin, Fritz«, sagte ich zu meinem Mann. »Wenn ich das mache, dann nur an der besten Schule!« Ich fand, das Beste wäre gerade gut genug für mich.

»Aber dann bist du wieder weg – und dieses Mal noch länger!«, maulte er.

»Ich komm jedes Wochenende heim, und ein Jahr ist schnell vorbei, das geht schon! Außerdem bist du ja auch viel unterwegs«, schnappte ich zurück.

Also meldete ich mich in Weihenstephan zur Meisterschule an. Fritz blieb nichts anderes übrig, als zuzustimmen.

Die Woche über wohnte ich dort in einem kleinen Appartement, am Wochenende fuhr ich heim zu Fritz und meinem Nürnberger Leben.

Die Ausbildung an der Fachschule in Weihenstephan war anspruchsvoll. Neben Floristik und

Pflanzenkunde standen natürlich auch Betriebs- und Mitarbeiterführung sowie Buchhaltung auf dem Stundenplan – eben alles, was ein Meister können muss.

Ich nutzte den großen Vorteil, dass ich vieles davon schon auf der Fachschule für Steinmetze gelernt hatte. So bestand ich die Meisterprüfung nach einem Jahr mit Bravour und war jetzt, mit vierundzwanzig, nicht nur Steinmetz-, sondern auch noch Floristikmeisterin, hatte also zwei Meistertitel!

Nachdem dies alles überstanden war, beschlossen Fritz und ich, ein Haus zu bauen. Zu der Zeit waren fast alle unsere Freunde dabei zu bauen, wie wir junge, motivierte Paare oder junge Familien.

So kauften wir, zusammen mit Fritz' bestem Freund Herbert und dessen Frau Mia, ein schönes Grundstück in Lind bei Fürth und begannen, dort unsere neue Bleibe zu bauen.

Nun war ich wieder ganz in meinem Element.

Unser Haus sollte etwas Besonderes sein, und das wurde es auch.

Auch mein Vater kam gelegentlich vorbei, um die Bauarbeiten mit zu überwachen – und wieder gab es zwischen ihm und mir Differenzen über die Ausstattung. Vater wollte zum Beispiel Marmor, ich italienische Terrakotta als Bodenbelag. Doch inzwischen war mein Dickkopf mindestens genauso groß wie seiner, und so setzte ich mich meist durch. Es war immerhin unser Heim!

Ganz konnte ich die Steinmetzarbeit nicht lassen, ich liebte diese Arbeit zu sehr, und so verlegte ich einige Pflasterarbeiten selbst, was Fritz gar nicht gerne sah.

Endlich war das Haus fertig, und ich konnte mich der Innengestaltung und dem Garten zuwenden. 1975 zogen wir ein, und zur gleichen Zeit nebenan Herbert und Mia, unsere besten Freunde.

Es war eine schöne Zeit in Lind. Unsere Nachbarn waren überwiegend mit uns befreundete junge Ehepaare oder Familien, viele kannten wir von »Quelle«. Wir verstanden uns gut; man half einander freundschaftlich.

Es machte mir immer Freude, anderen zu helfen: bei Dekorationen, im Garten oder beim Kochen für Gesellschaften und festliche Anlässe. Ich hatte immer besondere Ideen und oft die verrücktesten Einfälle. Gelegentlich kochte ich sogar für Freundinnen, wenn sie eingeladen hatten. Dann brachte ich die Speisen heimlich durch den Garten hin, und sie gaben es als ihr selbst zubereitetes Essen aus.

Einmal meinte Herbert zu meinem Mann:

»Weißt Fritz, so nett, hilfsbereit und großzügig die Maria auch ist, ich könnt es nedd mit ihr aushalten. So aktiv und umtriebig, wie die ist – die hätt' ich nie geheiratet, die tät mich kaputtmachen.«

Alle lachten herzlich darüber.

Immer wieder arbeitete ich in der Gärtnerei, bei der ich mein Lehrjahr absolviert hatte. Oft musste ich schnell hinter einem Gewächshaus verschwinden, wenn ich sah, dass Fritz kam, um zu kontrollieren, ob ich auch nicht zu schwer arbeitete.

Doch für mich war Arbeit immer Freude und nie eine Last. Ohne Arbeit, ohne kreativ zu sein, ohne meine Ideen verwirklichen zu können, hätte mir etwas gefehlt.

Wir waren gerade zwölf Jahre verheiratet und immer noch kinderlos, als mein Schicksalstag anbrach.

Ich war nach Florenz zu einer Schulung über alte Steinmetzkunst geflogen. Es interessierte mich, wie die alten Meister gearbeitet hatten, selbst wenn ich nicht mehr viel mit dieser Arbeit zu tun hatte.

Am 3. Juni flog ich von Florenz zurück nach Frankfurt. Es war der Geburtstag meiner Mutter, und in Partenstein war eine große Familienfeier angesagt.

Mein Vater holte mich am Flughafen ab, wir wollten gemeinsam nach Partenstein fahren. Fritz würde nach der Arbeit von Fürth aus dort hinkommen, so war es geplant. Am Morgen noch hatte ich Fritz aus Florenz angerufen, und wir besprachen den Ablauf des Tages.

Als mich mein Vater am Flughafen traf, fragte er mich, ob Fritz und ich Streit hätten, ob mein Mann denn nicht zur Feier kommen würde. Fritz habe sich nicht, wie vereinbart, bei ihm gemeldet.

»Naa, Vadder, bei uns ist alles in Ordnung, wir haben heute früh noch telefoniert. Ich ruf ihn an, wenn wir in Partenstein sind, vielleicht war er recht beschäftigt in der Firma.«

Als ich in Lind anrief, meldete sich Fritz nicht.

»Dann ist er noch in der Firma«, meinte ich unbesorgt. »Ich ruf ihn dort an.«

Im Büro meldete sich seine Sekretärin. »Er ist heute früher gegangen, er hat sich nicht wohlgefühlt«, meinte Frau Herdegen.

Ich dachte mir nichts, vermutete, er wollte schlicht früher nach Hause, wegen der Einladung in Partenstein.

Wieder rief ich daheim an, doch wieder meldete sich Fritz nicht. Was war los? War er schon unterwegs? Langsam wurde es Zeit!

Autotelefone, wie sie heute genutzt werden, gab es noch nicht, deshalb rief ich Herbert an, der nebenan wohnte.

Der sah aus dem Fenster. »Der Fritz muss noch da sein, sein Auto steht ja noch vor der Tür. Allerdings hat er den recht verquer geparkt. Ich geh mal rüber und läute.«

»Ja, mach des, es wird höchste Zeit, dass er losfährt!«

Minuten später kam der Rückruf von Herbert. »Er macht nicht auf, aber er muss da sein«, sagte er.

Noch immer war ich – heute kann ich es nicht mehr begreifen – nicht allzu sehr beunruhigt. Ich bat Herbert, der einen Ersatzschlüssel hatte, mal nach Fritz zu sehen. Eine Viertelstunde verging, bis Herbert wieder anrief.

»Maria, es ist besser, du kommst gleich.«

Das war alles, was er sagte. Er sagte nicht, was wirklich geschehen war.

Ich schnappte mir eines der Autos von daheim und fuhr die 150 km von Partenstein nach Lind.

Heute kann ich nicht mehr verstehen, wie unbedarft und naiv ich war. Selbst als ich in Lind ankam und vom Hügel aus die Blaulichter von Polizei, Sanitätswagen und Notarzt sah, dachte ich nicht, es könnte uns betreffen.

Herbert eilte sofort zu mir, als ich auf dem Hof ankam; die Nachbarn standen auf der Straße, sahen mich betroffen und mitleidig an. Er führte mich ins Haus, drinnen kam mir der Notarzt entgegen.

»Es tut mir leid, Frau Schuh. Es war nichts mehr zu machen. Ihr Mann ist tot.« Ich sah ihn an, begriff es nicht.

»Kommen Sie!« Er nahm mich bei der Hand. »Verabschieden Sie sich von ihm, bevor er geholt wird.«

Er führte mich ins Schlafzimmer. Dort lag mein Fritz auf dem Bett, tot. Ungläubig sah ich ihn da liegen.

Herbert legte mir den Arm um die Schultern, er kämpfte mit den Tränen, schluchzte: »Ich hab ihn so gefunden, als ich reinkam und nach ihm gesucht hab. Er muss sich noch geduscht haben, er wollte doch nach Partenstein fahren, zu dir.«

»Vermutlich wurde ihm übel, und er hat sich ins Bett gelegt«, meinte der Arzt. »Es scheint ein Herzinfarkt gewesen zu sein. Ein schneller Tod, er hat sicher nicht leiden müssen«, fügte er tröstend hinzu.

Herbert führte mich aus dem Zimmer. Wie in Trance nahm ich sein Angebot an, mit zu ihnen hinüberzukommen, um nicht sehen zu müssen, wie sie Fritz abholten. Ich verstand immer noch nichts.

Alle Nachbarn und Freunde waren tief erschüttert über Fritz plötzlichen Tod. Ich konnte nichts fühlen oder denken, es war, als wäre ich in Watte gepackt. Auch später, als mein Vater hinzukam, war ich noch immer zu keiner Regung fähig.

Frau Schwarz, die Nachbarin hinter uns, nahm mich mit zu sich nach Hause, damit ich über Nacht nicht allein wäre.

In den Tagen, die dann folgten, konnte ich keine Regung zeigen, nicht einmal weinen konnte ich. Der Tod von meinem Fritz war ein Schock. Ich verstand schlicht nicht, dass mein vitaler, lebenslustiger Mann nicht mehr da sein sollte, es war unbegreiflich. Er war doch erst achtundvierzig Jahre und ein Ausbund an Energie, eine so starke Persönlichkeit gewesen!

Wie mechanisch erledigte ich in den nächsten Tagen alles, was für die Beisetzung geplant werden musste. Herbert und mein Vater halfen mir bei den Behördengängen und den Unterredungen mit dem Bestattungsunternehmer. So vieles war zu erledigen, ich kam nicht zum Nachdenken über Fritz und mich und unsere vergangene Zeit oder darüber, wie es denn weitergehen sollte.

Von einer befreundeten Floristin aus der Gärtnerei ließ ich das Sarggesteck für Fritz anfertigen.

Ich wählte dafür Latschenzweige, Enziane, Edelweiß und Silberdisteln aus – alles, was mein Mann aus seinen geliebten Bergen gekannt und gemocht hatte.

Manche Leute, so hörte ich später, schüttelten darüber den Kopf: »Rote Rosen wären schon eher angebracht gewesen für eine junge Ehefrau«, meinten sie. Doch in meinen Augen war dieses Gesteck genau das Richtige für Fritz, und ich bin gewiss, er hätte sich darüber gefreut.

Einige Tage später fand auf dem Nürnberger Westfriedhof die Beerdigung statt. Ich glaube mich zu erinnern, dass graues, trübes Wetter herrschte, aber vielleicht sah es auch nur in mir so trüb und grau aus.

Es waren sehr viele Menschen gekommen, die Fritz das letzte Geleit gaben: die Familie, allen voran mein Vater und meine Mutter, Kollegen, Nachbarn und Freunde. Ich nahm alles wie durch einen Schleier wahr, fühlte mich wie eine Komparsin in einem Film. Ich glaube, ich habe nicht einmal geweint.

Nach der Beisetzung fuhren wir mit der Familie und den engsten Freunden nach Lind, wo meine Freundinnen ein Kuchenbüfett aufgebaut hatten.

»Komm mit nach Partenstein, Maria«, meinte mein Vater und legte mir mitfühlend den Arm um die Schultern. Ich schüttelte den Kopf.

»Dann komm zu uns rüber«, schlugen Herbert und Mia vor. Wieder schüttelte ich abwehrend den Kopf, ich war erschöpft von all den Tagen, wollte zu Hause bleiben, meine Ruhe haben.

Am Abend fuhren alle heim, und ich war zum ersten Mal ganz allein.

Langsam ging ich durch alle Räume, überall hatte ich das Gefühl, Fritz wäre noch da. Erst da wurde mir bewusst, was geschehen war.

Und endlich konnte ich weinen.

Unstete Jahre

Die erste Zeit ohne Fritz war arg schlimm. Nur die Arbeit half mir über den Verlust hinweg.

Mein Vater hätte es gern gesehen, wenn ich wieder »heim« nach Partenstein gekommen wäre, doch ich fühlte, das wäre nicht gut gewesen. Zu fremd war ich dort nach all meinen Ehejahren, zu eng war mir diese frühere kleine Welt geworden.

Erschwerend kam hinzu, dass mich finanzielle Sorgen plagten.

Da ich noch so jung war, bekam ich nur die »kleine Witwenrente«, das sind fünfundzwanzig Prozent der Versichertenrente. Zudem war Fritz früh gestorben und hatte so nicht den Anspruch auf die volle Versichertenrente erfüllt. Überdies lastete auf dem Haus eine Hypothek mit ziemlich hohen Zinsen. Wie sollte ich das bloß schaffen?

Dass ich für meinen Lebensunterhalt arbeiten musste, war kein Problem, sondern eine Selbstverständlichkeit für mich. Arbeit hatte ich noch nie gescheut. Außerdem hatte ich zwei Meistertitel, da würde ich es wohl schaffen, für mich zu sorgen, dachte ich. Trotzdem bereitete mir meine finanzielle Situation große Sorgen. Als ich mit zwei befreundeten Floristinnen darüber sprach – beide hatte ich ausgebildet, und sie waren um einiges jünger als ich –, boten sie wegen der hohen Bankzinsen ihre Hilfe an.

Ich lachte. »Ihr zwei Maadla wollt mir wegen den hohen Zinsen helfen? Wie soll das denn gehen?«

»Lass uns nur machen, Maria!« Sie zwinkerten sich zu. »Wir machen beim Bankdirektor einen Termin mit dir aus, und dann wirst scho' sehen!«

Tatsächlich bekamen sie den Termin und fuhren mit mir zur Bank. Die Angestellte führte mich in ein Büro.

»Der Herr Direktor wartet schon auf Sie, Frau Schuh! Er ist gleich da!« Ich war baff.

»Wir warten draußen auf dich und drücken dir die Daumen.« Meine beiden Helferinnen winkten mir zu und schauten sich verschwörerisch an.

Es dauerte eine geraume Zeit, bis der Herr Direktor endlich eintrat, mir war mehr als ungemütlich zumute. Was sollte ich sagen? Bankgeschäfte hatte immer Fritz erledigt, da kannte ich mich nicht aus.

Der Herr war sichtlich nervös, als er mich begrüßte. Er zitterte förmlich. War er krank?

»Ich weiß, worum es geht, Frau Schuh«, sagte er. »Wir werden Ihren Zinssatz zu Ihren Gunsten verändern. Ich habe bereits mit dem zuständigen Sachbearbeiter gesprochen und alles in die Wege geleitet.«

Er schob mir einen neuen Darlehensvertrag über den Tisch. »Ich denke, so wird es wohl in Ordnung sein.« Er tippte mit dem Stift auf den neuen Zinssatz.

Ich traute meinen Augen nicht. So niedrig! Konnte das wahr sein?

»Wenn Sie hier noch unterschreiben wollen, Frau Schuh. Dann wäre die Sache geklärt, nicht wahr?«

Überrascht nickte ich und unterschrieb. Ich konnte es nicht fassen.

Herr X. stand auf und brachte mich zur Tür.

»Dann auf Wiedersehen, Frau Lieber.« Er zitterte, und als er mir die Hand gab, spürte ich, wie schweißnass diese war. Verwirrt ging ich nach draußen, wo die zwei Maadla auf mich warteten.

»Und?« Sie stürzten auf mich zu. »Wie war's? Hat's geklappt?«

»Ja, ich habe einen ganz niedrigen Zins gekriegt. Aber ich weiß nedd, das war alles so komisch. Ist der krank, weil er so zittert hat?«, überlegte ich.

Die zwei prusteten vor Lachen.

»Jetzt mal raus mit der Sprach'! Da ist doch was! Das gibt's doch nedd!«

Sie kicherten. »Das sagen wir dir nedd, sonst hältst du uns für solchene!«

»Was heißt ›solchene‹? Ich will des jetzt wissen, was ihr da g'macht habt!« Ich wurde energisch.

»Na ja, Maria, das ist so …« Sie zierten sich noch, aber als sie meinen strengen Blick sahen, meinte die eine: »Weißt, wir haben den Herrn X. mal bei einer Fete kenneng'lernt, und dann hat er uns zu sich heim eingeladen. Wir waren alle ein bissala beschwipst, weißt.«

»Und dann?«

»Na, der hat so … *Besonderheiten*, weißt. Und er hat g'sagt, er tät uns gut bezahlen, wenn wir da mitmachen!«

»Was?! Wobei mitmachen?« Mir schwante Schlimmes.

»Nedd, was du meinst, Maria. Also, Sex haben wir keinen mit ihm g'habt, solchene sind wir nedd!«

»Was dann?«

»Na, er hat verlangt, dass wir Servierschürzla und Häubla anziehn, so wie Stubenmaadla halt. Und dann haben wir an ihm mit einem Staubwedel rumgemacht, ihm einen runterg'holt. Anders kann der nedd, weißt! Er selbst hat auch so ein Schürzla angehabt.« Jetzt prusteten sie vor Lachen. »Der hat so komisch ausg'schaut mit dem Servierhäubla auf seiner Glatze …«

Ich starrte die beiden ungläubig an, völlig vor den Kopf gestoßen. So etwas hatte ich noch nie gehört. Ich war damals noch ziemlich naiv, Fritz war bis dahin der erste und einzige Mann in meinem Leben und ganz *normal* gewesen.

»Wir sind ein paar Mal hin, er hat gut zahlt, und wir haben Geld für den Urlaub braucht. Ehrlich, Maria, des war nur Spaß, wir haben nix Schlimmes g'macht, es war alles ganz harmlos, und ihm hat's gefallen.«

»Aber … aber wie isses zu meinem Termin bei ihm kommen?«

»Als wir g'hört haben, dass du Hilfe brauchst, sind wir zu ihm hin. Weißt, wir haben Fotos g'habt, von unseren Treffen, und die haben wir ihm zeigt!«

Ich war sprachlos. »Das heißt, ihr habt den Mann *erpresst*?«

»Naa, naa, so kann man des nedd sagen. So was täten wir nie machen! Wir haben ihm nur die Bilder zeigt und ihm erzählt, in was für einer Zwangslage du bist – da hat er gesagt, er wird sich drum kümmern, du sollst zu ihm kommen. Weißt, eine Hand wäscht die andere.«

»Ich glaub, ihr seid verrückt!« Fast war ich sprachlos, und das wollte was heißen bei mir! Jetzt war
mir auch klar, woher sie immer das Geld für ihre
aufwendigen Urlaubsreisen gehabt hatten.

Sie glucksten vor Lachen. »Aber funktioniert
hat's doch, Maria! Komm, jetzt kannst uns zu einem Kaffee einladen! Und mach dir keine Gedanken, das machen wir nie mehr wieder, und die Fotos
und die Negative haben wir ihm geben!«

So haben mir die zwei »Briddschla«, wenn auch
nicht ganz legitim, zu einem äußerst günstigen
Bankkredit verholfen.

Wenige Monate nach Fritz' Tod kam mein Vater zu
mir: »Ich muss mit dir reden, Maria!« Er sah mich
etwas unsicher an.

»Was iss, Vadder?«

»Ich möcht, dass du wieder deinen Geburtsna-
men annimmst, dass du wieder Lieber heißt und
nicht länger Schuh!«

Ich sah ihn überrascht an.

»Du weißt, dass ich keinen Stammhalter hab'. Die
Anita ist verheiratet und heißt auch anders. Jetzt tät
der Name Lieber in Partenstein aussterben, den es
dort seit Generationen gibt, und den Gedanken, den
kann ich nedd aushalten. Ich hoff' immer noch, dass
du nach Partenstein zurückkommst, jetzt, wo du
nimmer verheiratet bist. Vielleicht heiratest ja wieder … Und du weißt ja, droben auf der Hofhöh, da
ist dein Platz!«

Ich wusste, wie arg es für meinen Vater gewesen war, nie einen Sohn gehabt zu haben. Ich hatte

immer versucht, ihm diesen zu ersetzen. So beschloss ich, ihm diesen Wunsch zu erfüllen und beantragte bei der Behörde, wieder meinen Mädchennamen zu führen.

Fortan hieß ich also wieder Maria Lieber, und so heiß' ich bis heute noch.

Die Arbeit in der Gärtnerei füllte mich nicht aus, meine eigenen Ideen, aus wenig etwas zu machen, konnte ich nicht so verwirklichen, wie ich gern gewollt und es in Weihenstephan gelernt hatte.

Auch im Freundeskreis veränderte sich manches. Die wirklich wahren Freunde blieben, andere wandten sich ab, manches Mal hatte ich das Gefühl, als hätt' die eine oder andere Ehefrau Angst, mich einzuladen.

Ich war zu der Zeit eine schlanke, attraktive, wenn auch ganz natürliche junge Frau, aber eben doch eine Witwe.

Von manchen Männern kamen ganz ungeniert Angebote: »Also, Maria, wenn mal Not am Mann ist, weißt schon, was ich mein'«, zwinkerten sie mir verschwörerisch zu, »ich komm' gern zum Aushelfen.« Dabei hatte ich zu diesem Zeitpunkt weiß Gott andere Sorgen.

Ich fühlte, ich brauchte eine Veränderung in meinem Leben. Also wandte ich mich an den Floristenfachverband und schilderte mein Problem.

»Wir könnten Ihnen eine Stelle in der Schweiz, bei Sankt Gallen, anbieten«, sagte man mir. »Da gibt es einen Gartenfachbetrieb mit einem Blumenladen, der nicht so ganz floriert. Dort könnten Sie in

Marketing, Verkauf und Betriebsführung helfen und auch ausbilden. Wäre das nicht etwas für Sie als Meisterin?«

Ich nickte. Vielleicht wäre diese örtliche Entfernung von Lind gut für mich. So kam es, dass ich in die Schweiz zog.

Von morgens bis abends habe ich dort gearbeitet, beraten, Lehrlinge ausgebildet, die Kunden betreut. Die Beschäftigung in dem Betrieb lag mir sehr, und mit den Inhabern bin ich gut ausgekommen. Außerdem gefielen mir die Stadt und die Landschaft ausnehmend gut.

Ich wohnte in einem kleinen Appartement in Sankt Gallen, und in meiner Freizeit ging ich im Herbst oft in den umliegenden Bergen wandern oder zum Skifahren, wenn es geschneit hatte.

Schnell fand ich Anschluss und fühlte mich langsam wieder wohler in meiner Haut, auch wenn ich um Fritz trauerte und nur zu gern alle diese Unternehmungen mit ihm zusammen gemacht hätte.

Einmal plagte mich eine schlimme Stirnhöhlenvereiterung. Der Hals-Nasen-Ohren-Arzt wollte mir die Nebenhöhlen spülen, aber das hab' ich nicht machen lassen. Da schickte mich die Besitzerin der Gärtnerei zu dem berühmten Naturarzt Dr. Vogel, der mich allein mit homöopathischen Mitteln heilte – seither schwöre ich auf die Homöopathie.

Gelegentlich fuhr ich heim nach Lind, doch es war traurig und belastend allein im Haus für mich, wo mich in allen Räumen etwas an Fritz erinnerte. Ich wusste, dass ich mich eines Tages von unserem

Zuhause würde trennen müssen. Doch noch war ich nicht so weit.

Nach einem halben Jahr lief es in dem schweizerischen Betrieb ganz gut, und ich sah mich nach einem anderen Arbeitsplatz um.

Wieder vermittelte mich der Verband an einen Gartenfachbetrieb, dieses Mal nach Starnberg, dem Ort südlich Münchens, wo die meisten Prominenten und Reichen wohnen. Ich lernte dort viele bekannte Größen aus Film, Fernsehen und Wirtschaft kennen. Meist waren es ganz nette Leute.

Ein großer Vorteil war, dass die Arbeitsstelle nicht so weit weg von Lind oder Partenstein lag und ich schnell mal – oft am Wochenende – meine Familie oder Freunde besuchen konnte. Doch ich spürte mehr und mehr, wie sich die alten Bindungen und Freundschaften lockerten, und das tat weh.

Zwei ganze Jahre blieb ich dort, dann vermittelte mir der Verband Kurzberatungen in verschiedenen Gärtnereien in Bayern, von München bis nach Aschaffenburg.

Ständig war ich auf Achse, denn diese Tätigkeiten dauerten oft nur anderthalb bis zwei Monate, bis die Schwächen des Betriebes, den ich beriet, erkannt und abgestellt waren.

Ich war so etwas wie der heute aus dem Fernsehen bekannte »Rach, der Restauranttester«, nur mit dem Unterschied, dass ich in der Beratungszeit kräftig mitgearbeitet und angepackt habe.

Dieses etwas unstete Leben hat mir damals nichts ausgemacht, sondern mir im Gegenteil gefallen. Es lag mir, mich immer wieder Herausforderungen zu stellen, neue Arbeitsstellen und interessante Menschen kennenzulernen.

In dieser Zeit erfüllte ich mir einen lang gehegten Wunsch: Ich kaufte mir einen Porsche 944!

Meine Familie und vielleicht auch andere hielten mich für verrückt, aber für mich war mit diesem Auto ein Traum in Erfüllung gegangen. Die Liebe zu starken Motoren hatte ich von meinem Vater geerbt, der auch immer große Motorräder fuhr und oft mit mir im Beiwagen durch die Gegend raste. Außerdem fand ich, dass ich mir nach all den schwierigen Jahren, in denen ich mich tapfer durchgekämpft hatte, eine Belohnung verdient hatte.

Als ich zum ersten Mal mit dem Porsche in Partenstein auftauchte, schüttelten die Meinen den Kopf.

»Einen Porsche! Ich glaub', die Maria spinnt!«, entrüstete sich meine Schwester. Sie hatte inzwischen drei Kinder – Zwillingsmädchen und einen Buben –, war Hausfrau und Mutter. Obwohl ihr Mann gut verdiente und Anita nie arbeiten musste, hatte ich manchmal das Gefühl, sie beneidete mich.

Dabei sah sie nur die eine Seite, die Äußerlichkeiten, und wusste nicht, wie hart ich arbeitete. Sie sah nur die schönen Kleider, den Porsche und meinen ewigen Optimismus und Unternehmungsgeist.

Mir war ihre Meinung egal, ich hatte unbändige Freude daran, wenn ich mit meinem Wagen in hohem Tempo über die Autobahn flitzte.

Meine Mutter schwieg wie immer zu allem, sie schüttelte höchstens mal verständnislos den Kopf über meine Kapriolen. Ich glaube, sie war schon damals ganz von Anita abhängig.

Peter

In dieser turbulenten, unruhigen Zeit lernte ich, auf einer Tagung im Bayerischen Hof in München, Peter kennen: einen interessanten, gut aussehenden Mann mit einer eigenen Firma, die in vielen Ländern Verbindungen und Niederlassungen hatte.

Bis spät in die Nacht saßen wir nach den Vorträgen zusammen an der Bar. Wir waren uns auf Anhieb sympathisch, vielleicht gefiel ihm auch meine unverblümte und direkte Art, er selbst war eher ein ruhiger Typ, aber Gegensätze ziehen sich bekanntlich an.

Wir tauschten Adressen aus und verabredeten, in Verbindung zu bleiben. Kurz darauf meldete sich Peter und lud mich nach Graz ein, wo seine Firma eine Niederlassung hatte – kurz darauf brauste ich mit meinem Porsche hin.

Wenn ich schon mit Fritz ein neues, anderes Leben nach meiner doch recht kleinbürgerlichen Jugend in Partenstein erlebt hatte, so war es mit Peter noch einmal ganz anders.

Er lebte in Freiburg, wo sich auch der Stammsitz der Firma befand. Peter war sehr erfolgreich, und mir machte es Spaß, ihn zu diversen Geschäftsterminen zu begleiten. Wieder entdeckte ich eine neue Welt für mich.

Irgendwann stellte er mich seiner Familie vor. Seine Mutter war eine äußerst attraktive, selbstbewusste und sehr sportliche Frau, die mich gernhatte.

»Maria, du bist so eine hübsche junge Frau, aber du musst mehr aus dir machen«, meinte sie oft und fuhr mir ab und zu mit der Puderquaste übers Gesicht oder versuchte, mir Lippenstift und Wimperntusche aufzudrängen.

Peters Schwester war mit einem reichen Chilenen verheiratet, sie lebten im Sommer auf Ibiza und im Winter in Madrid. Wir jetteten zusammen durch die halbe Welt, verbrachten herrliche Urlaube miteinander, ich fühlte mich wie im Märchen.

Oft verbrachten wir ein Wochenende im Schlosshotel Friedrichsruh bei Zweiflingen auf der Schwäbischen Alb, im Hohenzollernland. Peter liebte dieses noble Hotel und war dort ein gern gesehener Stammgast.

Bei einem dieser Wochenendurlaube machte er mir einen Heiratsantrag, und ich habe »ja« gesagt.

Zusammenzuziehen war vorerst nicht geplant, denn jeder von uns hatte seine beruflichen Verpflichtungen und ich liebte, obwohl ich auch Peter liebte, meine Unabhängigkeit.

Für mich wurde dabei klar – vor allem, nachdem Peter mich in Lind besucht hatte –, dass ich mit dieser Ehe nicht mehr länger im Haus in Lind bleiben wollte. Fritz war noch immer gegenwärtig, manchmal hatte ich fast Angst allein dort, zumindest ein mulmiges Gefühl.

So vermietete ich das Haus und mietete mir eine schöne Wohnung in Fürth. Der Auszug war traurig, aber auch befreiend. Einige der Möbel nahm ich mit in die neue Wohnung, einige übernahmen die Mieter.

Somit war wieder ein Kapitel meines Lebens abgeschlossen.

Unsere Hochzeit war für den September geplant. Die standesamtliche Trauung fand in Partenstein statt, meine Cousine Marita war die Standesbeamtin.

Dieses Mal behielt ich bei der Eheschließung meinen Nachnamen, das war inzwischen, nach dem neuen Eheschließungsgesetz, möglich.

Mein Vater machte wie schon bei Fritz gute Miene zum seiner Meinung nach bösen Spiel.

Wieder meinte er, der Mann wäre nichts für mich. Keiner schien ihm gut genug für mich zu sein. Nach der standesamtlichen Trauung gab es in einem Lokal ein Essen, nur für die Familie und die Trauzeugen.

Zwei Tage später war die große Hochzeitsfeier in Schloss Friedrichsruh. Diese fand, nach der kirchlichen Trauung in der Kapelle des Schlosses, Peter war immerhin, zur Beruhigung meiner Familie, katholisch, im Barocksaal des Schlosshotels statt.

Es war prunkvoll gedeckt für über hundert Hochzeitsgäste, darunter viele Geschäftsfreunde von Peter, die aus verschiedenen Ländern anreisten.

Ich trug einen weißen, seidenen Hosenanzug aus einer noblen Boutique in Nürnberg, Peter Smoking. Wir waren ein wirklich schönes Paar.

Alles war stilvoll arrangiert. Brautjungfern waren Alexandra und Susanne, die Töchter meiner Freundin Jutta; unsere Blumenkinder Bianca, Julia und

Thomas, die Kinder meiner Schwester, sahen wirklich putzig an dem Tag aus.

Die Musikkapelle, die zum Essen spielte, war in Rokokokostüme gekleidet, die Speisen von dem Direktor und Küchenmeister des Wald- und Schlosshotels, dem bekannten Sternekoch Lothar Eiermann kreiert. Alles war perfekt!

Peter hatte mir als Ehering ein altes Familienschmuckstück geschenkt, das mit einer großen Korallenscheibe mit Diamanten durchsetzt war. Dazu, als weitere Gabe, bekam ich eine goldene Kette mit einem Anhänger: Er zeigte einen goldenen Schrein, der von einem Löwen (meinem Sternzeichen) und einem Skorpion (Peters Sternzeichen) gehalten wurde. Der Anhänger war ein sehr schönes Schmuckstück, das ein Freund von Peter, der Botschafter in Thailand war, von dem Hofjuwelier der thailändischen Königin, Sirikit, in Bangkok hatte anfertigen lassen.

Der Tag war wunderschön, prachtvoller Luxus, jede Frau hätte mich um diese Hochzeit beneidet.

Dann geschah das Unfassbare.

Spät am Abend, um Mitternacht, stand ich mit Peter und unseren engsten Familienmitgliedern zusammen, als ein Geschäftsfreund aus Algerien auf uns zukam.

»Sie haben sich eine wirklich natürliche und sehr tüchtige, patente Frau ausgesucht, Peter«, meinte er mit Blick auf mich. »Gratulation!«

»Ja, Maria ist äußerst geschäftstüchtig. Sie hat für mich verschiedene Kontakte geknüpft, an die ich nie

gedacht hätte«, gab mein Mann zurück. Dann zählte er auf: New York, Minneapolis und viele andere.
Er erklärte, inwiefern ich ihm in seinen Geschäften
geholfen, was ich für ihn geleistet und wie sehr ich
ihn unterstützt hätte, lobte mich für meine »Mitar-
beit« und dafür, ihm eine so gute »Geschäftspartnerin« zu sein.

Ich stand wie benommen dabei, als er all das auf-
zählte, worin ich ihm geholfen hätte. War ich nun
seine Geschäftspartnerin – oder seine Ehefrau?

Endlich, ganz zum Schluss seiner Aufzählung,
sagte er wie nebenbei: »Und ich liebe sie auch.«

Nun geschah etwas, was niemand verstand und je
verstehen wird:

Ich fühlte mich so enttäuscht und gedemütigt von
Peters Rede, dass ich den Ring vom Finger zog, ihn
seiner Mutter, die dabeistand, gab und sagte: »Das
war's. Das ist gelaufen.«

Alle sahen mich überrascht und entsetzt an.

Peters Mutter war sichtlich geschockt, die anderen sprachlos; sie konnten offenbar nicht glauben,
was sie da eben gesehen und gehört hatten.

Meine Mutter raunte mir zu, das sei wieder mal
typisch für mich, ich solle um Gottes willen kein
Aufg'schau machen.

Mein Vater meinte: »Jetzt mach mal halblang,
Maria! Ich hab dich gut erzogen, da musst jetzt
nedd so was machen!«

Peters Schwager, der Mann seiner Schwester aus
Madrid, nahm mich zur Seite. »Maria, das eben war
ein Geschäftsgespräch«, redete er beschwörend auf
mich ein, doch ich war nicht umzustimmen.

Der Groll in mir saß zu tief, ich fühlte mich gedemütigt und nicht als Frau gewürdigt.

In den folgenden Stunden wahrte ich den Schein und tanzte weiter, außer der Familie und den engsten Umstehenden hatte den Vorfall wohl niemand bemerkt.

Die Feier ging bis in den frühen Morgen, vermutlich dachten alle, ich hätte mich wieder beruhigt, aber dem war nicht so.

Wie ich den Rest der Nacht verbrachte, wusste ich später nicht mehr, auf jeden Fall nicht mit Peter, meinem Mann.

Am nächsten Morgen gab es für die von weiter her angereisten Gäste, die auf Schloss Friedrichsruh übernachtet hatten, ein Frühstück, bei dem ich noch mit dabei war und versuchte, mir nichts anmerken zulassen.

Als alle Gäste sich auf den Heimweg gemacht hatten, packte ich meinen Koffer, setzte mich in meinen Porsche und gab Gas, dass der Splitt der Schlossauffahrt hochspritzte.

Ich fuhr in meine Wohnung nach Fürth. Am nächsten Tag teilte ich Peter mit, dass ich die Ehe annullieren lassen würde.

Er war fassungslos. Natürlich versuchte er, mich umzustimmen; er drohte, nach Amerika auszuwandern, wenn ich ihm das antäte.

»Tu, was du für richtig hältst, ich hindere dich nicht«, war meine kühle Antwort.

Als ich die Kette mit dem Schrein abnehmen wollte, beschwor er mich: »Bitte nicht, lass sie dran, das bringt sonst noch mehr Unglück.«

Alle Überredungskünste und Beschwörungen Peters halfen nichts. Am nächsten Tag rief ich einen Anwalt an und beantragte die Annullierung der Ehe vor dem Familiengericht.

Die Kette liegt heute in einem Safe, ich habe sie nie mehr getragen.

Bald darauf fand der Termin am Familiengericht statt. Der ältere Richter, der kurz vor der Pensionierung stand, versuchte, zu schlichten.

Er schüttelte den Kopf. »Das habe ich in meiner langen Berufslaufbahn noch nicht erlebt, das soll einer verstehen: Beide sagen, dass sie sich lieben, und doch wollen Sie, Frau Lieber, die Ehe annullieren lassen?«

Ich nickte, doch ich ließ mich nicht umstimmen, und so kam es, dass meine zweite Ehe nur einen Tag Bestand hatte.

Natürlich sorgte das in meiner Familie für Aufruhr und Unverständnis.

Anita ätzte: »Du warst schon immer verrückt, aber das setzt allem die Krone auf!«

Meinen kleinen Nichten und meinem Neffen, welche die Blumenkinder bei der Hochzeit gewesen waren, hatte man gesagt, Onkel Peter wäre fortgereist und käme nie mehr zurück. Sie hatten Peter sehr gerne gemocht und wollten sogar ihre Sparschweinchen schlachten, um Peter Geld für die Rückfahrt zu spenden.

Ich weiß, niemand kann verstehen, wie ich damals gehandelt habe, manchmal verstehe ich es selbst nicht. Aber an dem Tag war ich so getroffen, dass ich nicht anders konnte.

Ich hätte mit Peter, meiner großen Liebe, sicherlich ein sehr schönes Leben führen können. Und trotzdem habe ich mich anders entschieden.

Später hörte ich, dass Peter tatsächlich für einige Jahre nach Amerika gegangen war, mittlerweile aber wieder in Deutschland lebt. Er hat nie wieder geheiratet, so wie auch ich.

Ich habe ihn nie mehr wiedergesehen.

Manchmal denke ich, dass ich viele, vielleicht zu viele, Charaktereigenschaften von meinem Vater geerbt habe, der mein Leben stark bestimmte. Mit solchen abrupten Entscheidungen gleiche ich ihm.

Nur ein Beispiel dafür: Mein Vater legte immer großen Wert auf seinen Geburtstag. Als er diesen wieder einmal feierte, ging sein Freund tagsüber mehrere Male am Haus vorbei, ohne hereinzukommen und zu gratulieren. Erst am Abend ließ er sich sehen.

Da sagte mein Vater, den dieses Verhalten zutiefst vor den Kopf gestoßen hatte, zu ihm: »Es ist aus! Du bist die längste Zeit mein Freund gewesen, wenn du nicht einmal untertags Zeit gefunden hast, hereinzuschauen.«

Damit beendete er diese langjährige Freundschaft, nur wegen einer Kränkung zum Geburtstag. Und dabei blieb es bis zu seinem Tod.

So konsequent wie er bin auch ich manchmal heute noch. Wenn man es sich einmal mit mir gründlich verdorben hat, dann bleibt es dabei.

Das Leben geht weiter

Nach diesem recht dramatischen Zwischenspiel kehrte ich in mein altes Leben zurück.

Immer wieder vermittelte mich der Verband an Rat suchende Firmen, und ich reiste quer durch die Lande. Einmal hörte ich im Tennisclub in Fürth, dem ich immer noch angehörte, von den Problemen in einem Fliesenfachgeschäft.

Jutta, meine Freundin, war die Pächterin des Restaurants im Tennisclub. Wir haben in dieser Zeit viel miteinander unternommen und gelacht, obwohl wir sehr unterschiedlich waren.

Ich war ganz unkonventionell, mir war es »worscht«, was die Leute von mir dachten, während Jutta, die eher Konservative, sich immer fragte, was man so dachte über sie. Ich glaube, manchmal waren ihr meine direkte Art und mein Lebensstil sogar peinlich.

Trotzdem verstanden wir uns gut, und auch wenn unsere Freundschaft über die Jahre etwas abgeflacht ist, so denke ich, je älter ich werde, immer öfter zurück. Wie oft haben wir damals bei einem Glas Sekt, »Fürst Metternich« war unsere Stammmarke, gelacht und uns alles Mögliche anvertraut!

»Maria, wär das nicht was für dich? Mit deinen zwei Meistertiteln und deiner Erfahrung mit maroden Firmen könntest du denen im Fliesenfachgeschäft doch helfen«, meinte Jutta.

Ich stellte mich dort vor und bekam den Posten einer Prokuristin. Das Stammgeschäft befand sich anderswo, und ich wurde Leiterin dieser Filiale.

Endlich konnte ich daheimbleiben und war nicht immer auf Achse.

In dem Laden war ich die einzige Frau unter lauter Männern, doch das machte mir in meiner resoluten Art nichts aus.

Unter anderen Missständen sah ich schnell, wo bei der Firma der Hase im Pfeffer lag: Die Verkäufer verkauften nicht genug. Ziemlich lässig gingen sie ihrer Beschäftigung nach.

»So geht das nicht, meine Herren!«, rief ich energisch. »Jetzt zeige ich euch mal, wie man verkauft. Der nächste Kunde gehört mir!« Sie grinsten nur.

Kurz darauf betrat ein Mann, er mochte so Ende dreißig gewesen sein, den Laden.

»Ich bau grad a Haus und braach Fliesen«, sagte er in schönstem Fränkisch. Ich hatte den Mann sofort, als er eintrat, als Handwerker oder zumindest Häuslebauer eingestuft. Seine Arbeitskleidung, die Schuhe und vor allem die groben Hände hatten es mir verraten.

»Da sind Sie bei mir richtig«, erwiderte ich. Die Verkäufer standen im Hintergrund, schauten zu und feixten.

Zuerst führte ich den Mann durch die Ausstellung, befragte ihn über den geplanten Bau, wollte wissen, wie viele Bäder und Toilettenräume er hätte und so weiter und so fort.

Ich empfahl ihm verschiedene Fliesen in unterschiedlichen Farben und jede Menge Dekorfliesen, die damals gerade beliebt waren und von denen wir noch jede Menge Altbestand hatten, der wegmusste.

»Schauen Sie, das könnten Sie so oder auch so verlegen.« Ich legte diverse Beispielmuster aus und verzierte alles üppig mit den Dekorfliesen. Zum Schluss gab ich ihm noch einige Tipps zum Verlegen, ich kannte mich damit von der Steinmetzarbeit her bestens aus.

Ich ritzte unter anderem eine der Fliesen mit dem Handschneidegerät an und brach sie dann über das Knie. Der Mann schaute mich beeindruckt an.

»Schaun S', so macht mer des, so kriegen S' a gude und gladde Bruchkanndde.«

Dem Mann imponierte meine Verkaufsshow offensichtlich sehr, jedenfalls verließ er, schwer bepackt mit jeder Menge Fliesen, das Geschäft.

Triumphierend drehte ich mich zu meinen Verkäufern um. »Na, was sagt'er jetzt? Habt'er scho mal so viele Fliesen uff einmal verkaafdd?«

Sie applaudierten, einer meinte: »Hoffentlich bringt der des alles unter in sei'm Häusla!«, ein anderer feixte: »Vor allem die vielen Dekorfliesen.«

Stolz ging ich in mein Büro zurück. Denen hatte ich es gezeigt!

»Man trifft sich im Leben immer zwei Mal«, sagt ein Sprichwort.

Noch ahnte ich nicht, dass ich Jahre später diesem Mann wiederbegegnen und er eine entscheidende Rolle in meinem Leben spielen würde …

Ich führte ein etwas verrücktes Leben zu dieser Zeit. Die vielen Arbeitswechsel, die neuen

Bekanntschaften, einige, wenn auch unverbindliche Liebschaften, das Reisen – all das gefiel mir gut.

Ich war jung und unternehmungslustig, immer guter Dinge, nicht auf den Mund gefallen, voller Schwung und Elan, dazu gut aussehend, schlank und rank und meist etwas extravagant gekleidet.

Auf jeden Fall war ich eine auffallende Person, und wenn ich in meinem Porsche in Partenstein vorfuhr, erregte das ziemliches Aufsehen.

»Schaut euch mal dem Amand sei' Äldeste an, die is doch verrückt!«, wird da wohl mancher gesagt haben.

Meiner Familie schien mein Auftreten auch manchmal peinlich gewesen zu sein, vor allem meiner Mutter und Anita, die weiterhin in Partenstein in der Nähe der Eltern wohnte und guten Kontakt zur Mutter hatte. Zudem hatte sie mit ihren drei Kindern unsere Eltern zu glücklichen Großeltern gemacht. Damit konnte ich nicht aufwarten.

Mit den Nichten und dem Neffen verstand ich mich gut, ich mochte sie sehr, und sie freuten sich, wenn die »Tante aus Nürnberg« zu Besuch kam. Ich brachte immer besondere Geschenke mit, und wir machten verrückte Ausflüge. Immer war was los, wenn ich zu Besuch kam!

Zu der Zeit hatte ich auch einen Suzuki Wildcat, einen kleinen Allradjeep. Damit bin ich, oft auch mit meiner Freundin Jutta und deren Tochter Susanne, bei Nacht und Nebel – manchmal sogar im Schlafanzug – mitten durch die Wälder gefahren. Ich liebte das Gefühl des Risikos beim Fahren, und die beiden waren begeistert dabei.

Mit Susanne, die ich immer sehr mochte, habe ich einige Geschichten erlebt. Früher, beim Skifahren, musste immer einer auf die kleine Susi aufpassen, damit die Eltern auch einmal zusammen Ski fahren konnten.

An diesem Tag war ich dran. Ich habe alles Mögliche mit der kleinen Maus angestellt: Schneemann bauen, Schlitten fahren, aber Susi war so etwas von unleidlich, ich war schon fast am Verzweifeln.

Als sie dann auch noch anfing zu brüllen und wild mit den Skistöcken auf mich einschlug, riss mir der Geduldsfaden. Da hab' ich sie gepackt und ihr den Popo versohlt, ich wusste mir nicht mehr anders zu helfen. Da hat sie mich angeschaut, kein bisschen geweint und einfach gesagt: »Jetzt fahren wir weiter!«

Ab da war alles gut, und von da an ist sie immer mit uns Ski gefahren, die Lifte hinauf zwischen unseren Beinen und brav im Schneepflug hinunter.

Heute würde ich, glaub' ich, das nimmer tun. Aber damals war die Meinung, dass ein Klaps auf den Popo nicht schadet, noch allgemein verbreitet, und gewirkt hat es. Die Susanne hat mir das nie nachgetragen, wir hatten auch später immer ein gutes Verhältnis zueinander.

Susanne habe ich später das Motocrossfahren beigebracht, was ich damals auch mit Begeisterung betrieb. Nichts war mir wild genug! Ich war schon ein wildes Huhn damals, das muss ich zugeben.

Beruflich machte ich weiter wie bisher, arbeitete mal hier, mal dort. In der sogenannten »besseren

Gesellschaft« Nürnbergs flatterte ich wie ein Schmetterling umher und kannte Gott und die Welt, so wie auch mich fast jeder kannte. Ich war unabhängig, und wenn mich das Fernweh überkam, dann reiste ich. Einmal flog ich nach Indien, wo ich schon einmal mit Fritz gewesen war – ein Land, das mich damals schon fasziniert hatte.

Ich reiste nicht mit einer Reisegesellschaft, sondern auf eigene Faust, um Land und Leute kennenzulernen, und kam dort mit einer völlig anderen Kultur in Berührung, die mein Denken und Handeln in einigen Dingen verändert hat.

Besonders beeindruckt hat mich, dass die Menschen dort trotz ihrer Armut zufrieden waren, ja sogar glücklich wirkten. Ich beschäftigte mich daraufhin mit dem Buddhismus und den Lehren von Karma und Wiedergeburt.

Seither kann ich keine Fliege mehr erschlagen, denn sie könnte ja die Wiedergeburt eines Menschen sein, vielleicht sogar eines, den man einst gekannt und geliebt hat.

Ein anderes Mal bin ich mit Freundinnen nach Colombo, der Hauptstadt Sri Lankas – dem früheren Ceylon – geflogen. Dort haben wir uns einen kleinen Bus gemietet und sind nach Kandy, der alten Königsstadt im Bergland Sri Lankas, gefahren.

Schon auf dem Weg dorthin sahen wir Tausende Menschen, die teils fahrend, viele auch wandernd, dorthin unterwegs waren, um das große Religionsfest Esala Perahera zu begehen.

Dort in Kandy wird seit Jahrhunderten ein Zahn des Buddhas als Heiligtum verehrt und einmal im

Jahr, fünfzehn Tage lang, dieses prachtvolle Fest gefeiert. Höhepunkt ist der Maha Perahera, die große Prozession.

Ich war wie berauscht von den vielen, in wunderschöne Kleider gehüllten Tänzern, Peitschenknallern und Fackelträgern, aber auch von den Hunderten Elefanten in kostbarem Ornat, die an uns vorbeizogen. Es war wie ein Märchen aus Tausendundeiner Nacht.

Vor allem die schönen, zierlichen Frauen begeisterten mich. Die meisten sahen in ihren bunten Saris und dem wiegenden Gang von hinten wunderschön, wie junge Mädchen, aus. Dabei waren es oft ältere Frauen, doch auch sie voll Anmut und Grazie.

Es wurde eine meiner schönsten Reisen, und als ich im Flugzeug auf dem Heimflug saß, schwor ich mir, einmal wieder dorthin zurückzukommen. Bis jetzt habe ich es nicht geschafft.

Zurück zu Hause arbeitete ich wieder einmal in der Nähe von Nürnberg in einer alten Gärtnerei, die von den neuen Inhabern umgestaltet und modernisiert werden sollte. Es gab viel zu tun, gerade jetzt, kurz vor der Neueröffnung.

Da rief mir die Inhaberin zu, ich würde am Telefon verlangt.

Am anderen Ende war der Hausarzt unserer Familie in Partenstein, den ich seit meiner Kindheit kannte.

»Maria, ich will dir nur sagen, dass es deinem Vater nicht gut geht, er hat wieder einen schlimmen Anfall, schlimmer noch als sonst«, warnte er mich.

Mein Vater war inzwischen sechsundsechzig Jahre alt und arbeitete noch immer, obwohl ihm seine Staublunge mehr und mehr zu schaffen machte und schlimme Asthmaanfälle auslöste. Ständig musste er ein Spray bei sich haben, um die Anfälle zu verhindern oder zumindest zu lindern.

Ich erschrak, doch Dr. Nätscher beruhigte mich.

»Ich wollt's dir nur sagen, Maria, weil ich weiß, dass du dir immer Sorgen um ihn machst. Aber ich bin jetzt bei ihm und geb ihm eine Spritze.«

»Ich komm, ich fahr gleich los!«

»Eilt nedd, Maria. Besser, du kommst nedd gleich, sonst ängstigt sich der Vater noch, wenns'd so plötzlich auftauchst. Dann meint er womöglich, dass ich dich g'rufen hab, weil's so schlimm um ihn steht. Da regt er sich nur auf!«

Ich sah mich um. In der Gärtnerei herrschte noch das reinste Chaos, es war noch viel zu tun.

»Gut, dann komm ich am Abend, wenn wir hier fertig sind«, sagte ich zu dem Doktor.

Innerlich hatte ich keine Ruhe, immer musste ich an Vater denken, doch ich wusste ihn in guten Händen.

Etwa eine Stunde nach dem Telefonat holte mich die Gärtnersfrau wieder ans Telefon und hielt mir den Hörer hin. »Für dich, Maria!«

Es war meine Mutter. Mit zitternder Stimme sagte sie: »Maria, der Vadder ist tot!«

Ich glaube, wenn mich jemand gestochen hätte, ich hätte keinen Tropfen Blut verloren, so erschrocken war ich.

»Aber wie? Wieso denn? Wann?«

»Er ist an einem Asthmaanfall gestorben, er-
stickt. Es war fürchterlich. Der Arzt war schon weg,
und bis er wieder da war, war es schon zu spät.«

»Ich komm«, sagte ich tonlos.

Eine Stunde später war ich in Partenstein, in meinem Elternhaus. Mutter und Anita waren da. Mein
Vater lag im Schlafzimmer, auf dem Bett.

Es war wie vor Jahren bei Fritz. Ich konnte es
nicht fassen.

Ich machte mir schwere Vorwürfe, dass ich nicht
doch sofort nach dem Anruf von Dr. Nätscher gekommen war, nun war es zu spät.

»Du hättest auch nedd helfen können, Maria«,
weinte meine Mutter.

»Aber ich hätte ihn wenigstens noch mal gesehen!«

Anita sah mich an. »Du warst immer seine liebste
Tochter, es wär schon richtig gewesen, wenn du da
gewesen wärst!« Ich verstand den nicht ganz deutlich ausgesprochenen Vorwurf, blieb stumm.

Ein letztes Mal sah ich den Vater an, strich ihm
über die abgearbeiteten Hände und übers Gesicht,
dann fuhr ich heim nach Fürth, in meine Wohnung.
Mutter und Anita würden sich um alles kümmern.
Ich wollte allein sein mit meinem Kummer und meiner Trauer.

Ich hatte zu meinem Vater ein besonderes Verhältnis gehabt. Es war nicht immer einfach gewesen;
er war sehr dominant und manchmal cholerisch,
aber ich habe ihn immer geliebt, obschon ich vielleicht, ab und zu, vor allem als Kind, ein wenig

Angst vor ihm gehabt hatte. Er konnte unberechen-
bar sein und plötzlich aus der Haut fahren, andererseits war er auch wieder großzügig.

Ich weiß, ich habe viele Charaktereigenschaften von ihm geerbt – das hat meine Mutter oft gesagt. Gerade deshalb hatten wir es manchmal auch
schwer miteinander. Ich hatte den gleichen Dickschädel wie er, aber letztendlich haben wir uns immer wieder vertragen. Jetzt war er für immer gegangen.

Ich konnte nicht glauben, dass ich ihn nie mehr
sehen, nie mehr seine Stimme und auch sein Schimpfen hören würde. Heute denke ich manchmal, sein
Tod hat mich stärker getroffen als der Tod von Fritz,
meinem ersten Ehemann.

Einige Tage später fand die Beisetzung statt. Ganz
Partenstein war auf den Beinen, um meinem Vater
das letzte Geleit zu geben. Alle Vereinsmitglieder
des Ortes, der Feuerwehr, der Theatergemeinschaft,
alle waren vertreten.

Mutter ging, am Arm von Anita, hinter dem Sarg,
ich allein dahinter. Sie weinten, meine Kehle war
wie zugeschnürt.

Zum Leichenschmaus bin ich nicht gegangen.
Das mag mir manch einer übel genommen haben,
doch ich konnte es einfach nicht.

Ich weiß von anderen Beerdigungen, wie das ist:
Erst sind alle noch gefasst, weinen und gedenken
des Toten, später wird die Stimmung ausgelassener.
Oft wird sogar gelacht, und man erinnert sich an
die »lustigen Zeiten«, als der oder die Verstorbene

noch lebte. Der ein oder andere hält das für gut, denn Freud und Leid gehören nun mal zusammen im Leben. Für mich war es an diesem Tag unmöglich, dabei zu sein. Ich habe mich still verabschiedet und bin nach Hause gefahren, ich wollte mit der Trauer um meinen Vater allein sein.

Heute weiß ich, dass mir das meine Mutter und Anita übel genommen haben, irgendwie muss man es verstehen. In Partenstein gehört sich so etwas nicht!

Nach dem Tod des Vaters hat sich meine Beziehung zu Partenstein und der Familie mehr und mehr gelockert. Anita hat sich immer um alles, was Partenstein betraf, gekümmert. Sie lebte dort, wohnte im Haus neben den Eltern, jetzt, nach dem Tod des Vaters neben der Mutter.

Doch es war nicht nur meine räumliche Abwesenheit vom Ort oder meine Arbeit, die mich auch innerlich immer mehr von dort entfernt hat.

Ich spürte, ohne dass es offenen Streit gegeben hatte, dass ich nicht mehr willkommen war daheim, und nach dem Tod meines Vaters verstärkte sich das Gefühl. Deshalb kam ich immer seltener in die Heimat. Außerdem hielt mich meine Arbeit recht in Atem, denn schließlich musste ich mir meinen Lebensunterhalt selbst finanzieren.

Später einmal habe ich meiner Mutter zum Geburtstag einen Bildband von Nürnberg geschickt. Er ist ungeöffnet zurückgekommen mit dem Vermerk, die Annahme sei verweigert worden. Ich weiß nicht, ob die Mutter das veranlasst hat oder Anita. Doch da wusste ich endgültig, woran ich war.

Mir wäre damals, nach Vaters Tod, nie in den Sinn gekommen, meine Mutter wegen der Erbschaft zu fragen, und sie hat nichts gesagt.

Ich arbeitete viel und konnte für mich selbst sorgen, ich würde es schon irgendwie schaffen, auch wenn es manchmal schwer war. Aber nie ich hätte gejammert oder um Geld gebeten. Heute weiß ich, dass das ein großer Fehler war, vielleicht der größte Fehler meines Lebens, wie sich im Nachhinein herausgestellt hat.

Nie hätte ich damals auch nur im Geringsten daran gedacht, wie sich meine Mutter und Schwester einmal mir gegenüber verhalten würden, und mein Vater täte sich im Grab umdrehen, wüsste er es.

Dessen bin ich mir sicher.

Erst vor Kurzem, ich hatte Bauchbeschwerden und fühlte mich allgemein schlecht, war ich bei einer Frau, von der es hieß, sie hätte heilende Hände. Sie ist Thailänderin, und ich erzählte ihr von meinen körperlichen Beschwerden.

Sie legte sanft die Hände auf meinen Bauch, schloss die Augen, fühlte sich offenbar in mich hinein und sagte dann mit sanfter Stimme: »Frau Lieber, Sie müssen endlich Ihren Vater loslassen!«

Da hätte es mich, wenn ich nicht schon gelegen hätte, glatt umgehauen! Mir schossen die Tränen in die Augen. Bin ich immer noch so sehr, nach all diesen vielen Jahren, meinem Vater verhaftet?, fragte ich mich.

Ich weiß es bis heute nicht, aber ich wollte und will mich zumindest bemühen, dem Rat der Frau zu folgen und loszulassen. Doch sind inzwischen Dinge geschehen, die mich immer wieder an ihn denken lassen.

Doch vielleicht ist es gerade umgekehrt: Vielleicht kann *er* mich nicht loslassen?

Was wissen wir schon vom Tod und vom Jenseits?

Willi

Eine meiner Freundinnen, Dolores, eine Floristin, hatte in Fürth einen Blumenladen, und ich half ihr gelegentlich an den Wochenenden.

Es war September, die alljährliche berühmte Michaelis-Kirchweih in Fürth, die »Färdder Kärwa« stand vor der Tür.

Die »Königin der fränkischen Kirchweihen«, wie die Fürther voll Stolz sagen, ist nicht nur eine Kirchweih im klassischen Sinne; sondern zugleich ein großer Markt.

In der gesamten Innenstadt reihen sich für ganze zwölf Tage Fahrgeschäfte, Buden und Verkaufsstände aneinander. Zahlreiche Händler und Marktschreier bieten Waren aller Art feil, von Haushaltsartikeln über Bekleidung, Lebensmittel bis hin zu Blumen und Pflanzen. Nichts, was es hier nicht gibt.

Der Höhepunkt des Festes ist der Erntedankfestzug mit über dreitausend Mitwirkenden und Tausenden von Zuschauern.

Auch Dolores hatte für das große Fest viel vorzubereiten und war auf der Suche nach Riesenkürbissen. Doch im Handel und bei den einschlägigen Bauern, die sie kannte, war alles ausverkauft.

»Du, ich kenn da von früher eine Bäuerin in Buch, die hat vielleicht noch welche – oder die anderen

Bauern dort. Da werden viele Kürbisse angebaut«, meinte ich. »Komm, wir fahren zusammen hin!«

Doch auch bei der besagten Bäuerin gab es keine Riesenkürbisse mehr, und auch nicht bei den umliegenden Bauern. Alles sei längst ausverkauft, hieß es überall.

»Fahrt doch nach Sack, dort wohnt a Jungg'sell, der baut hobbymäßig Kürbiss' a. Vielleicht hat der noch welch'.«

Dolores wollte bereits aufgeben. »Ach was, Maria, ausg'rechnet in dem Nest soll noch was sein?«

»Grad da! Da kommt doch keiner hin, da sagen sich doch Fuchs und Has' gut Nacht«, gab ich zurück.

So fuhren wir nach Sack, ein kleines Dorf bei Fürth, und fragten uns nach dem Haus eines Junggesellen durch, der Kürbisse hätte.

»Ach, das kann nur der Willi sein!«, meinte einer der Bauern und wies uns den Weg.

Tatsächlich kamen wir an ein noch ziemlich neu gebautes Haus, das offensichtlich noch nicht ganz fertig war. Vor dem Haus und im Garten leuchteten uns orangefarbene Riesenkürbisse entgegen.

»Siehst, Dolores, der hat noch welche und der verkauft bestimmt welche, was tät denn ein Jungg'sell mit so viele Kürbiss'?«

Resolut stieg ich aus dem Wagen und läutete.

Es dauerte, bis endlich ein Mann von ungefähr vierzig Jahren öffnete. Das musste der Junggeselle sein!

Er musterte mich misstrauisch und war recht wortkarg. Vermutlich fragte er sich, was diese ausgeflippte Person vor ihm wohl von ihm wollte.

»Sie haben so schöne Kürbisse«, begann ich, »und wir bräuchten welche für die Herbstdekoration in Fürth. Wie viele könnten Sie uns denn verkaufen?«

Jetzt grinste er. »Verkaaf'n? Die sind nedd zu verkaaf'n!«

»Ach was«, tat ich das mit einer Handbewegung ab. »Was tätst du denn mit all den Kürbissen?« Ich duzte ihn jetzt, denn der Mann sah mir mehr nach »du« als nach »Sie« aus.

Der sah mich prüfend an. »Dich kenn ich doch«, meinte er.

»Ich kenn dich nedd!«, gab ich forsch zurück. »In Sack bin ich noch nie g'wesen.«

»Muss ja nedd in Sack g'wesen sein«, meinte er und sah mich wieder nachdenklich an.

So eine blöde Anmache, dachte ich bei mir, denn ehrlich gesagt, schien mir dieser Kerl hier völlig anders als die Männer, mit denen ich zu der Zeit zu tun hatte. Der hier interessierte mich überhaupt nicht.

»Also, was ist? Rückst jetzt Kürbisse raus oder nedd?« Ich baute mich vor ihm auf.

Er verschränkte die Arme und baute sich breitbeinig vor mir auf.

»Ich verkaaf sie nedd, aber ich geb dir welche, wenn du dafür mit mir amal zum Essen gehst!«

Mich kann man nicht leicht verblüffen, aber der Kerl hatte es geschafft, der glaubte tatsächlich, ich tät mich mit ihm zum Essen treffen!

»Jetzt mach doch, Maria«, drängte Dolores von hinten. »So schöne Kürbisse kriegen wir nie mehr woanders.«

Ich stieß die Luft aus, mit dem Bürschla auszuge-
hen, dazu hatte ich wahrlich keine Lust. Andrerseits
wollte ich Dolores helfen – Zeit hatten wir keine
mehr, um weiter nach Kürbissen zu suchen. Also
willigte ich ein.

»Gut, aber nur *ein Mal*. Und jetzt hilfst uns
g'fälligst die Kürbisse einladen.«

Als wir uns verabschiedeten, sagte der Junggeselle: »Aber dein Versprechen musst halten, gell?«

»Ich halt' meine Versprechen immer!«, gab ich
patzig zurück. »Gib mir deine Telefonnummer, ich
ruf dich an.«

Ehrlich gesagt, hatte ich keine Lust mit dem
»Bauernbürschla«, wie ich ihn insgeheim nannte, ir-
gendwohin zu gehen. Aber wenn ich einmal etwas
versprochen hab, dann halte ich das auch, da kann
man sich auf mich verlassen.

Kurze Zeit später rief ich also diesen Willi an, ich
wollte das möglichst schnell hinter mich bringen.
Der freute sich ganz offensichtlich.

Resolut schlug ich vor, dass ich ihn besuchen
würde und er vorschlagen solle, wohin wir essen
gingen. »Ich komm dann am besten bei dir vorbei
und hol dich ab!«, bestimmte ich.

Am verabredeten Tag zog ich mich besonders
ausgeflippt an. Zu der Zeit trug ich mit Vorliebe
schwarz, es war meine »schwarze Phase«.

Ich wählte eine enge schwarze Hose aus Leder
und dazu ein knappes Oberteil, das meinen vollen
Busen recht zur Geltung brachte, ließ meine langen
blonden Haare offen hängen und stieg in meinen

Porsche. Der sollte schauen, was für einen Paradies-
vogel er sich angelacht hatte! Da würden ihm vermutlich weitere Annäherungsversuche vergehen.

Willi hatte sich auch gut angezogen, recht einfach
und leger, aber anständig sah er aus.

Als er mich sah, meinte er nur wie beiläufig:
»Schaust gut aus!«

Das war alles. Kein Wort zu meinem Porsche sagte der Kerl!

Wir fuhren in ein einfaches Lokal außerhalb von
Nürnberg, das Willi ausgesucht hatte. Immer wieder fing er an: »Ich kenn dich von irgendwoher, aber
ich weiß nicht, von wo!«

»Na, jetzt lass doch, Willi! Ich jedenfalls hab dich
noch nie gesehen«, wehrte ich jedes Mal ab. Ich
kannte den Mann nicht, da war ich mir sicher.

Der Abend verlief zu meiner Überraschung sehr
nett, und wir unterhielten uns angeregt. Vieles, was
er erzählte, war mir vertraut und erinnerte mich an
meine Kindheit und Jugend und an die Zeit in Partenstein, von der ich mich inzwischen Welten entfernt hatte.

Willi erzählte mir von seiner Arbeit bei der Flug-
zeugabfertigung am Nürnberger Flughafen und dass
er ledig sei. Auch von seiner Familie erzählte er. Seine Mutter war gestorben, als Willi acht Jahre alt war,
und sein Vater hatte wieder geheiratet, eine Bauers-
magd aus dem Knoblauchsland, die ein uneheliches
Kind hatte, was damals nichts Seltenes war. Diesen
Buben hatte sie bei Verwandten gelassen, als sie Willis Vater heiratete. Mit ihm hatte sie eine Tochter bekommen: Marianne, Willis Halbschwester.

85

»Meiner Schwester, der Marianne«, erzählte Willi traurig, »der geht's ganz schlecht. Die sitzt im Rollstuhl, um die muss man sich tagein, tagaus kümmern.«

»Hat s' einen Unfall g'habt?«

»Naa, des war eine Viruserkrankung, die ist irgendwie nedd erkannt oder verschludert worden«, grummelte er. »Ja, manchmal is' des Leben schon ein rechtes Kreuz!«

An allem, was Willi erzählte, erkannte ich, dass er bisher kein einfaches Leben gehabt hatte.

»Aber warum hast dir denn ein Haus 'baut, wenns'd Junggeselle bist?«, fragte ich neugierig.

Er verzog das Gesicht. »Ich war verlobt und wollte für meine zukünftige Familie, bei uns daheim in Sack, ein Haus bauen. Aber kurz vor dem Einzug ist sie davon.«

»Oh je!« Willi tat mir leid.

»Und was machst du so?«, fragte er.

Ich erzählte ihm ein bisschen aus meinem Leben, auch, wie früh ich Witwe geworden war und was ich jetzt so machte. Die Geschichte mit Peter und mein derzeitiges, etwas flatterhaftes Leben ließ ich lieber weg.

Es war spät geworden über unseren Gesprächen, und ich muss sagen, Willi hat mir in seiner geraden, ehrlichen Art gefallen. Er war so ganz anders als viele meiner derzeitigen Bekannten, bei denen es oft nur um Glanz, Glitzer und Geld ging.

Nach dem Essen fuhr ich ihn nach Hause.

»Willst noch mit reinkommen?«, bot er fast schüchtern an.

Ich schaute auf die Uhr und schüttelte den Kopf. »Naa, es ist scho spät, und ich muss morgen früh raus. Aber auf die Toilette muss ich noch schnell.« Blasenschwäche ist eines meiner Leiden.

»Na, dann komm mit, ein Klo hab' ich!«

Ich ging mit ihm ins Haus. Die Wohnung war nicht so nach meinem Geschmack eingerichtet, aber ich wollte ja ohnehin nur auf die Toilette.

»Da ist das Bad!« Willi öffnete eine Tür und knipste das Licht an.

Ich stand da, erst wie erstarrt, dann stieß ich einen Schrei aus, dass die Tassen im Schrank klirrten.

Diese Fliesen!

Es waren dieselben, die ich vor Jahren dem Mann in der Fliesenhandlung verkauft hatte. Auch die vielen Dekorfliesen, die ich ihm angedreht hatte, hatte er brav mitverarbeitet.

Willi stand hinter mir.

»Jetzt weiß ich, woher ich dich kenn! Du hast mir damals die Fliesen verkauft«, rief er triumphierend.

Ich konnte nur nicken, dann bekam ich einen Lachanfall. Noch auf der Fahrt nach Fürth musste ich mir immer wieder die Lachtränen aus den Augenwinkeln wischen.

Nach diesem Abend verabredeten wir uns immer häufiger, Willi kam auch zu mir nach Fürth, und nach und nach lernte ich seine charakterlichen Qualitäten zu schätzen: Er war und ist ein bodenständiger, gänzlich uneitler Typ. »Erdig« sag' ich immer, wenn ich Willi beschreiben soll.

Er war das krasse Gegenteil zu meinen damaligen Bekanntschaften und Liebschaften, nicht annähernd

87

wie mein Vater oder die Ehemänner, die alle in ihrem Wesen recht dominant gewesen waren.

Bei seiner Familie schlug ich wie eine Bombe ein,
als er mich mutig vorstellte.

»Was hat der Willi denn da herzog'n? Was is denn
des für a Hex?«, wurde ich nicht gerade freundlich
begrüßt.

Seine Mutter hat mich nur »die Hex« genannt,
das hat mich so geärgert, dass ich einmal zu ihr gesagt hab: »Lieber a Hex, als mich von einem reichen
Bauern vögeln und mir ein uneheliches Kind andre-
hen lassen.« Von da ab war Ruh'.

Später, als Willis Mutter in die Pflege kam, habe
ich mich aber natürlich um sie gekümmert und geschaut, dass alles passt.

Inzwischen ist sie gestorben, und Willi sagt immer, dass sie letztlich doch eine gute Stiefmutter gewesen sei, auch wenn er es in jungen Jahren nicht
immer so gesehen hat. Sie hatte ein schweres Leben
gehabt, wie viele der einfachen Frauen dieser Zeit.

Willi wurde der ruhende Pol in meinem bis dahin
aufgeregten, unruhigen und etwas wilden Leben.
Selbst meine diversen Stimmungen und Eskapaden
schien er mit Gelassenheit und meist stoischer Ruhe
zu ertragen.

Damals, in dem Fliesenladen, hatte ich zu den
Verkäufern gesagt: »Der Nächste gehört mir!«

Der Nächste war Willi gewesen.

Nun, zehn Jahre später, wurden diese Worte
wahr, und er gehörte mir – und das mittlerweile nun
schon über zwanzig Jahre.

Fürther Jahre

Willi brachte Ruhe und Solidität in mein Leben.

Immer häufiger trafen wir uns; seine Zuverlässig-
keit und Umsicht in allen Lebenslagen taten mir
gut, auch wenn mich manchmal immer wieder der
Hafer gestochen hat. So ganz konnte und kann ich
nicht aus meiner Haut, und für Willi war das sicherlich nicht immer einfach. Doch er hielt durch.

Jetzt arbeitete ich wieder einmal in Starnberg in
dem Gartenbaubetrieb Fischer und fuhr nur am
Wochenende heim nach Fürth, selten war ich in
Partenstein, aber ganz wollte ich den Kontakt noch
nicht abreißen lassen.

Wie gesagt, kühlte sich nach dem Tod meines Vaters
das Verhältnis zu meiner Mutter und Schwester merk-
lich ab. Meist hatte ich das Gefühl, sie waren froh,
wenn ich, diese »schrille Person«, wieder fort war. Ich
schrieb das überwiegend dem Einfluss von Anita zu,
die weiter engen Kontakt zur Mutter hatte, wie immer
schon. Ich wusste, dass sie mir übel nahmen, dass ich
nicht rechtzeitig zu Vaters Tod gekommen war, denn
einmal zischte Anita mir böse zu: »Gekommen bist
nicht rechtzeitig zum Vadder seinem Tod, aber gedacht hat er immer nur an dich, bis zum letzten Atem-
zug. ›Vergesst mir meine Maria nicht, habt sie lieb!‹
Das sind seine letzten Worte gewesen.«

Das zu hören, hat mir schon recht wehgetan.

Zu Willi hatte sich inzwischen eine gute Beziehung entwickelt, da war ein tiefes Gefühl in mir entstanden, etwas wirklich Ernsthaftes, und ich merkte, wie sehr mir das in den letzten Jahren gefehlt hatte. Er wurde der ruhende Pol in meinem Leben.

Recht oft besuchte er mich in Starnberg, es gefiel ihm nicht, dass ich so häufig irgendwo auf Achse war.

Eines Tages erzählte er, dass die Becks in Fürth, in der Friedrichstraße, ihren Blumenladen verkaufen wollten.

»Wär das nedd was für dich, Maria?«, meinte er. »Dann hätt' die ewige Fahrerei mal ein End, und ein eigener Laden, das wär doch schön für dich, oder nedd?«

Auch mir gefiel meine unstete Lebensweise immer weniger, die Zeit in Starnberg würde bald zu Ende gehen. Wohin würde mich der Verband dann vermitteln? Wo würde meine nächste Arbeitsstelle sein – und für wie lange?

Früher wäre mir das egal gewesen, aber jetzt, mit Willi an meiner Seite, sah das anders aus.

Die Vorstellung von einem eigenen Laden, ja, die hatte was, der Gedanke gefiel mir immer mehr!

So stiegen wir in die Verhandlungen mit den Becks ein und einigten uns bald.

Der Laden war nicht sehr groß, aber hier würde ich endlich meine Vorstellungen von Blumengebinden, Pflanzen und Dekorationen verwirklichen können. Das hier wäre mein eigenes Reich.

Das Ladengeschäft mit der Laufkundschaft war nicht mein Hauptgeschäft, ich spezialisierte mich auf Hochzeitssträuße und Hochzeitsdekorationen, auf Trauerschmuck und Dekorationen bei allen möglichen Anlässen, auch Firmenevents. Das wurde gut angenommen, machte aber auch sehr viel Arbeit. Ich bin Perfektionistin in meinem Beruf und liefere nicht nur die Blumen und Gestecke, sondern auch die entsprechenden Töpfe und andere Accessoires mit dazu.

Atmosphäre zaubern mit individuellen Blumen und Pflanzen, Stimmungen schaffen mit Dekorationen, die Herz und Augen erfreuen, Ambiente zeigen mit außergewöhnlichen Objekten, Vasen und Skulpturen – das war die anspruchsvolle Devise für meine »Florale Werkstatt«.

Dieses Konzept kam wirklich gut an, so klein der Laden auch war. Ich arbeitete viel außerhalb bei Veranstaltungen, Messen, in Firmengebäuden und Gärten.

Mittlerweile konnte ich eine ganze Reihe von Alben mit lieben Dankesschreiben von glücklichen Brautpaaren vorzeigen, die bei mir ihren Brautstrauß und manchmal die ganze Blumenkunst für die Hochzeitsfeier bestellt hatten, Alben mit Fotos von Gartenfesten mit meinen Dekorationen, von Veranstaltungen aller Art, die ich mit meinen Kunstwerken verschönt habe. Es freut mich auch heute noch immer wieder, darin zu blättern.

Bald lief der Laden so gut, dass ich ein paar Floristinnen einstellen konnte. Eine davon war Anitas Tochter Bianca, meine Nichte aus Partenstein. Sie machte hier in Fürth bei mir ihre Lehre als Floristin.

Bianca war ein liebes, ruhiges Mädchen, sehr sensibel. Ich hab sie immer gern mögen und hab sie auch ein bisschen bemuttert, denn ich habe ja keine eigenen Kinder.

Schon in der Schule war sie sehr strebsam gewesen, hatte bereits eine Ausbildung zur Physiotherapeutin hinter sich, allerdings ohne Abschlussprüfung. Bianca hatte nämlich ein großes psychisches Problem: Sie litt unter extremer Prüfungsangst, obwohl das bei ihrem Können und Wissen nicht nötig gewesen wäre. Es war schade, dass sie auch zur Prüfung als Floristin nicht antrat. Dabei hätte sie es locker geschafft.

Heute habe ich keinen Kontakt mehr zu ihr, das finde ich schade, und ich weiß eigentlich nicht, warum das so ist.

Nach einiger Zeit in dem Laden stellten sich Probleme mit meiner Gesundheit ein. Ich hustete, hatte oft Kopfschmerzen und fühlte mich schlapp.

»Kein Wunder, so, wie du arbeit'st!« Willi und auch meine Floristinnen und Freunde dachten so.

»Musst halt a bissala langsamer tun, Maria«, mahnte Willi.

Wie immer war mir nichts zu viel, ich hatte mir schnell einen ordentlichen Kundenstamm aufgebaut, doch den zu pflegen, geht nicht mit einer 38-Stunden-Woche.

Da musste die Ware eingekauft und gelagert werden, ebenso wie die Accessoires und Pflanzschalen. Es sollte dekoriert und verkauft werden, der Laden war zu putzen und schließlich und endlich hatte man da auch noch die Buchführung zu erledigen.

Aber es ging nicht anders, ich musste die Arbeit bewältigen.

Bis eines Tages ein alter Kunde der Becks zu mir sagte: »Frau Lieber, Sie gefallen mir gar nicht. Sie husten genauso, wie die Becks immer gehustet haben.«

Jetzt wurde Willi aktiv. »Da herinnen muss doch etwas sein, Maria! Ich hab auch immer das G'fühl, dass man hier schlecht Luft bekommt.«

»Ach was, das sind die Pflanzen, die was ausdünsten!«, wiegelte ich ab.

Doch er ließ nicht locker. Er kratzte und schabte von den Wänden, der Decke, dem Boden und den Regalen Partikel ab und ließ sie untersuchen.

Dabei stellte sich heraus, dass sich in den Wänden nicht nur Schimmelpilz befand, sondern in den Räumen wurden Quecksilberausdünstungen weit über das zulässige Maß festgestellt.

In Fürth war früher Glas- und Spiegelindustrie ansässig, und in dem Haus einst eine Werkstatt. Damals waren die Spiegel auf der Rückseite noch mit Quecksilber beschichtet, und diese Reste oder die Dämpfe hatten sich im Haus angesammelt. Nach dem Messwert hätte man sich nicht länger als eine halbe Stunde in dem Haus aufhalten dürfen!

Da half alles nichts! Entweder raus aus dem Laden oder ihn sanieren, hieß es. Wir entschlossen uns zur Sanierung.

In mühevoller Arbeit klopften wir den Putz runter, die Wände wurden mit Sandstrahlgebläse behandelt, bis die ursprünglichen Sandsteinquader zum Vorschein kamen. Wir wechselten den Boden aus und kalkten die Decken neu, die alten Regale wurden entsorgt und neue aufgestellt – der alte Krempel hatte mir sowieso nicht gefallen.

So entstand in wochenlanger, mühevoller Drecksarbeit ein völlig neuer Laden, den wir stolz »Florale Werkstatt« nannten. Mit Willis unermüdlicher Hilfe hatte ich es geschafft!

Als alles eingerichtet und mit schönen Naturmaterialien und edlem Zubehör dekoriert und ins rechte Licht gesetzt war, war ich stolz und überglücklich.

Der Laden lief weiterhin gut, und so konnte ich, neben Bianca, dem Lehrmädchen, bald zwei Floristinnen einstellen.

Eine davon war Marga, eine kompakte, tüchtige überaus penible und reinliche Frau Anfang vierzig. Gelegentlich kamen auch ihr Mann und die zwei fast erwachsenen Kinder vorbei, ein Sohn und eine Tochter, und so lernte ich die ganze Familie kennen.

Ich hatte einen Auftrag in Dambach, einem Villenviertel bei Fürth angenommen, und eines Tages sollten wir die Sachen anliefern. Es war ein heißer Sommertag. Wir beluden den Lieferwagen mit Pflanzen und den bestellten Terrakottakübeln. Marga fuhr mit mir, während die andere Floristin, Christine, den Laden betreute. Bianca war an diesem Tag in der Berufsschule.

In Dambach angekommen, ging ich mit der Dame des Hauses durch den Garten, um zu sehen, wie und wo wir die Tröge aufstellen sollten. Währenddessen hatte Marga die schweren Terrakottakübel aus dem Lieferwagen gehievt und schon ein Stück weit in den Garten geschleppt.

»Marga!«, schimpfte ich. »Des ist doch viel zu schwer für einen allein, des machen wir zusammen!«

»Ach, des geht schon«, keuchte sie.

»Nein, des geht nedd!«, meinte ich energisch.

Zusammen hievten wir die Kübel an die ausgesuchten Stellen, bevor wir die Gewächse hineinpflanzten. Bei der Hitze eine Heidenarbeit!

Nachdem wir fertig waren, fuhren wir zurück in die Innenstadt und kamen dabei an einer Eisdiele vorbei, die für ihr besonders gutes Eis bekannt war.

Ich verlange von meinen Floristinnen gute Arbeit, aber ich bin auch immer bestrebt, dass es ihnen bei mir gut geht, also parkte ich vor der Eisdiele und ging hinein, um einen Karton Eis zu holen.

»Das haben wir uns verdient, Marga!« Sie nickte nur matt.

Hinter dem Blumenladen befand sich ein kleiner Innenhof mit Tisch und Stühlen, dort wollten wir unser Eis essen. Ich hatte noch schnell etwas im Lager zu tun und kam etwas später wieder in den Hof. Da standen jedoch mein Eis und auch das von Marga, unberührt.

»Wo ist denn die Marga? Mag die ihr Eis nedd?«, fragte ich verwundert.

»Doch, die kommt gleich, die ist schnell auf die Toilette«, rief Christine.

Ich genoss also allein mein Eis und ging wieder zurück in den Laden.

Kurz darauf kam ich wieder raus, Margas Eis stand immer noch da, inzwischen war es geschmolzen.

»Wo ist sie denn nur?«, bohrte ich. »Jetzt ist das schöne Eis g'schmolzen!«

»Ich weiß nedd, ich glaub, die hockt immer noch auf dem Klo«, meinte Christine.

»Na, das gibt's doch nedd, hat die Verstopfung oder was?« Ich ging zur Toilette und klopfte an die Tür.

»Marga? Ist was? Geht's dir gut?«

»Es geht schon«, kam eine gepresste Stimme. »Ich hab meine Periode, ganz arg.«

Ich dachte mir nichts Böses und ging wieder in den Laden zum Bedienen.

Marga war auch die nächsten Minuten nicht zu sehen.

»Also, das gibt's doch nedd!« Energisch eilte ich nach einer Weile wieder nach hinten zur Toilette und klopfte. »Marga, mach auf!«, rief ich drängend. Da stimmte doch was nicht!

Ich hörte, wie von innen der Schlüssel umgedreht wurde und öffnete die Tür.

Da sah ich Marga auf dem Toilettendeckel hocken, mit angezogenen, gespreizten Beinen und der Kopf eines Kindes kam dazwischen hervor, rings herum war alles voll Blut.

Ich stieß einen gellenden Schrei aus und rannte nach vorn in den Laden. »Ich krieg ein Kind«, brüllte ich. Dann rannte ich auf die Straße.

Da kam gerade der Altenpfleger von gegenüber daher, und ich schrie ihn an: »Thomas, ich krieg ein Kind!«

Er schüttelte den Kopf und tippte sich an die Stirn. Die hat's nimmer alle, die Maria, muss er sich gedacht haben.

Darauf lief ich in das Trachtengeschäft Abraham nebenan und rief wieder verzweifelt: »Helft's, ich krieg ein Kind!«

»Was hast denn getrunken, Maria? Oder bist durchgeknallt!« Frau Abraham starrte mich an, als wäre ich verrückt.

Also hetzte ich wieder zurück in den Laden, rief von dort aus voll Panik bei Willi am Flughafen an, erreichte aber nur einen Kollegen. »Sag dem Willi, ich krieg ein Kind!«, schrie ich in den Hörer.

Der ging, wie ich später erfuhr, direkt zu Willi und sagte: »Du, dei' Frau, die kriegt ein Kind!«

»Was?! Bist jetzt verrückt oder was?«

»Nein, die Maria hat grad angerufen und ins Telefon geschrien, dass sie ein Kind kriegt.«

Willi muss nur verständnislos den Kopf geschüttelt haben, das konnte er nicht glauben, so jung war ich zu der Zeit ja nicht mehr.

Ich jedoch rannte zurück zu Marga, inzwischen war das Kind geboren und schrie.

»Ein Zipfala«, war das Einzige, was ich herausbrachte, als ich den kleinen neugeborenen Buben sah, den Marga im Arm hielt. Ringsum war alles voller Blut.

»Schneid die Nabelschnur durch, Maria«, stöhnte Marga, doch das konnte ich nicht.

»Ich hol Hilfe«, presste ich nur hervor, rannte in den Laden und wählte mit zitternden Fingern die Nummer der Polizeistation an.

»Da ist die Florale Werkstatt Lieber«, begann ich.

»Ach, steht wieder jemand vor der Ausfahrt«, meinte der Beamte, als er meine Stimme hörte.

»Naa, ich krieg a Kind«, rief ich in den Hörer.

»Aha! Wie weit bist denn schon?«, kam es ironisch zurück.

»Es ist schon da!«

Nun schien er mich wenigstens etwas ernst zu nehmen.

»Ja, dann leg' auf, ich ruf Hilfe, gleich kommt jemand!«, meinte er trocken.

Kurz darauf bog der Sanka mit dem Notarzt um die Ecke. Dann ging alles ganz schnell.

Der Sanitäter fegte mit einem Armwisch unseren Arbeitstisch frei und legte eine Rettungsfolie aus, schon kam der Notarzt mit dem schreienden, abgenabelten Neugeborenen aus der Toilette, und der Sanitäter wickelte es sorgfältig in die Folie.

Christine und ich standen wie gelähmt dabei.

Erst wurde das Kind versorgt, dann kam der Notarzt mit der blassen Marga aus der Toilette.

»Ich hab sie notdürftig versorgt, jetzt fahren wir in die Klinik. Benachrichtigen Sie den Ehemann, Frau Lieber. Der wird Augen machen, die haben anscheinend nicht gewusst, dass ein Kind im Anmarsch ist!« Er schüttelte fassungslos den Kopf. »So was erlebt man auch nicht alle Tage!«

Als der Sanka mit Martinshorn und Blaulicht mitsamt der Marga und dem Kind weg war, sanken wir beide, Christine und ich, auf eine Bank. Wir konnten nicht fassen, was wir gerade erlebt hatten.

Marga! Schwanger! Ein Kind! Keiner hatte etwas geahnt, geschweige denn gewusst.

Mit zitternden Händen griff ich zum Telefon und rief Margas Mann an.

»Klaus, die Marga hat gerade ein Kind gekriegt, du bist wieder Vater geworden! Es ist ein Bub.«

»Maria? Bist du es? Sag mal, spinnst – oder hast was g'soffen?«

»Nein, ich spinn nedd, Klaus«, meine Stimme zitterte. »Fahr ins Krankenhaus in Fürth, da liegt sie, mit dem Kind. Ich komm auch gleich, um nach ihr zu schauen.«

Christine und ich sahen uns an, schüttelten den Kopf, wir konnten immer noch nicht glauben, was geschehen war.

»Ich fahr jetzt in die Klinik, ich muss die Marga sehen, das lässt mir keine Ruh!«, meinte ich.

»Und das Klo? Das ganze Blut –«

»Allmächd, das müssen wir noch sauber machen!« Christine verzog angewidert das Gesicht.

»Komm, schau'n mer mal!«

Als wir in die Toilette kamen, trauten wir unseren Augen kaum: Alles war blitzsauber. Kein Fleckchen Blut, nicht die Spur von dem, was sich hier gerade abgespielt hatte, war zu sehen.

Ich kniff die Augen zu und blinzelte. »Werd ich jetzt verrückt oder was?«

»Hat das die Marga aufg'wischt? Ja, wann denn?«, Christine war ebenso von den Socken wie ich.

Ich zuckte ratlos die Schultern. »Ich war's nicht, und der Arzt sicher auch nedd! Das muss die Marga g'wesen sein!«

Für einen kurzen Moment dachte ich, alles wäre nur ein Traum gewesen.

Es ist mir heute noch ein Rätsel, wie und wann Marga das WC geputzt hat.

Wenig später fuhr ich mit einem Blumenstrauß in die Klinik. Dort traf ich Klaus und die beiden Kinder. Sie waren genauso überrascht und außer sich. Keiner hatte gewusst oder geahnt, dass Marga schwanger gewesen war.

Als ich ins Zimmer kam, lag sie im Bett, das Kind im Arm. Da wusste ich endgültig, es war kein Traum gewesen.

»Marga! Du hast uns aber heute eine Überraschung geliefert, wir sind noch ganz fertig, die Christine und ich!«

Sie lächelte verlegen. »Morgen komm ich wieder in die Arbeit«, sagte sie nur, und alle, die ums Bett herumstanden, lachten.

Am nächsten Tag, man glaubt es kaum, stand sie tatsächlich vor der Ladentür und wollte zur Arbeit kommen. Sie war in der Nacht aus der Klinik ausgebüxt, das Kind war noch dort.

»Nein, Marga!«, rief ich entsetzt. »Das geht doch nicht – du musst wieder ins Krankenhaus oder heim. Du musst dich jetzt um dein Kind kümmern«, wiegelte ich ab. Marga sah mich nur verständnislos an, dann ging sie.

Später ging ich los und kaufte ein Stubenwägelchen und eine Erstausstattung für das Kleine. Ich brachte es der Familie, denn sie hatten ja nichts im Haus für einen Säugling.

Klaus kam später noch öfter zu mir in den Laden, zusammen mit dem kleinen Markus, einem süßen, aufgeweckten kleinen Bürschla.

Aber Marga kam nie mehr. Sie ist mir wohl bis heute gram, weil ich sie damals nicht mehr hab' bei mir arbeiten lassen.

Ich liebte meine Arbeit im Laden und hatte mir im Lauf der Jahre eine treue Stammkundschaft aufgebaut, für die ich tat, was ich konnte.

Einmal, kurz vor Ladenschluss, kam eine meiner Kundinnen und wollte einen »schönen Strauß für die Opernpremiere am Abend«.

Ich sah mich um, ich war so gut wie ausverkauft und wollte gerade los nach Würzburg, um neue Ware einzukaufen.

»Es tut mir leid«, sagte ich, »schaun S', ich hab nix mehr da!«

»Frau Lieber, ich brauch den Strauß unbedingt! Können Sie nicht etwas zaubern?«, beschwor sie mich.

Da packte ich alle Reste, die in den Kübeln und auf dem Bindetisch lagen, und »zauberte« einen prachtvollen Strauß.

»Hier, da haben Sie einen Recyclingstrauß«, meinte ich.

Die Kundin war überglücklich, noch heute kommt sie zu mir in den Laden und bestellt augenzwinkernd einen »Recyclingstrauß«.

Zu einem Weihnachtsfest hatte ich eine besondere Idee. Ich wollte einen Nürnberger Christkindlesmarkt im Miniformat veranstalten.

Willi, der damals noch am Flughafen arbeitete, staunte nicht schlecht, was ich alles aufbaute: Ich bestreute den Boden im Laden und Innenhof mit Rindenmulch, stellte Buden aus Schwartenbrettern auf, alle unterschiedlich dekoriert und mit schönsten Weihnachtsutensilien ausgestattet. An die vierzig Tannenbäume standen »Spalier« in den Innenhof, man ging hinein wie durch einen Märchenwald.

Neben Glühwein und Kinderpunsch hatte ich mir als besonderen Genuss Bratäpfel mit Vanillesoße ausgedacht – schön serviert auf Tontellern und mit richtigem Besteck, nicht mit Papier oder Plastik, wie sonst auf den Märkten. Stilvoll sollte alles sein! Dazu hatte ich eine Gruppe von Mandolinenspielern engagiert.

Für fünf Uhr nachmittags war die Eröffnung des Marktes angekündigt, lange vorher wartete schon eine Schlange draußen vor der Tür. Es wurde ein riesiger Erfolg und zugleich ein Desaster.

Die Leute drängten sich derart in dem Innenhof, dass sich kaum einer mehr umdrehen konnte. Innerhalb von sage und schreibe einer halben Stunde waren wir restlos ausverkauft, kein Glühwein war mehr da und kein Bratapfel. Wir hatten keinen Nachschub, keinerlei Waren mehr, denn mit so einem Ansturm hatten wir nicht gerechnet.

Ich war fix und fertig, und Willi genervt:

»Das hat jetzt wochenlang Arbeit gemacht, meine Werkzeuge habt ihr mir versaut und draußen im Regen liegen lassen, und jetzt war in einer halben Stunde alles vorbei!« Er schüttelte den Kopf. »Und diese Mandolinenspieler, Maria, die holst nicht noch mal ins Haus. Mir tun jetzt noch die Ohren weh von dem Gedudel.«

So endete mein erster »Weihnachtsmarkt«. Aber immerhin, ein Erfolg war er doch gewesen!

Einige Jahre betrieb ich den Laden weiter, und er lief gut. Doch auf Dauer waren die Räumlichkeiten zu klein für die Menge an Aufträgen, das Geschäft platzte aus allen Nähten.

In der gleichen, der Friedrichstraße, wurde auf der anderen Straßenseite ein Jugendstilhaus saniert, in dem früher ein bekanntes, nobles Hotel, das »Hotel Kütt«, beherbergt war.

Die Familie Kütt war jüdisch und verschwand während der Nazizeit und der Judenverfolgung wie so viele andere auch aus der Stadt. Das Hotel kam in andere Hände.

Ob die Kütts, reiche Leute, die dieses glanzvolle Haus betrieben hatten, inhaftiert worden waren oder noch rechtzeitig in ein anderes Land fliehen konnten – ich weiß es nicht. Jedenfalls war das Haus in der Nachkriegszeit erst amerikanisches Konsulat und dann über die Jahre etwas heruntergekommen. Jetzt wurde es wieder restauriert.

Als ich hörte, dass im Erdgeschoß Ladenräume zu vermieten waren, griff ich zu. Die Räumlichkeiten umfassten hundertvierzig Quadratmeter und waren wunderschön, mit prachtvollen Stuckdecken und Säulen mit schönen spätklassizistischen Kapitellen.

Ein Traum! Sehr edel, doch nicht ganz billig, wie man sich vorstellen kann.

Ich war wieder einmal voller Begeisterung und Elan und hatte jede Menge Ideen.

Im vorderen Teil des Geschäftes sollte die »Florale Werkstatt« entstehen, mit pflanzlichen Meisterwerken und Wohnaccessoires. Weiter hinten, durch Pflanzen abgeteilt, würde ich ein kleines Bistro mit Café eröffnen, das »Giardino«. Die Einrichtung dachte ich mir, als Kontrast zu dem stilvollen, pompösen Gebäude, ganz modern.

Nun war wieder viel Arbeit angesagt, aber es sollte sich lohnen.

Endlich kam der Tag der Eröffnung. Viele Gäste waren geladen und sind gekommen, es wurde ein großes Fest, und ich strahlte mit den Putten von der Stuckdecke um die Wette, so pummelig wie die war ich inzwischen leider auch geworden.

Vor der Tür standen Pantomimen aus Polen, die ich engagiert hatte, und Martin Rassau und Volker Heißmann, die berühmten Komödianten aus Fürth, drehten einen TV-Spot, der später im Fernsehen gesendet wurde und den ich auf DVD geschenkt bekam – zur Erinnerung an diesen Tag.

Darin amüsierten sie sich königlich über meine »Rhöner Kränze«, Adventskränze aus der Rhön, die entgegen den üblichen sogar mit vierzwanzig Kerzen für die Werktage und vier für die Sonntage geschmückt werden. Dazu lästerten sie über meine recht schlanken, zierlichen Deko-Engel, die so gar nicht zu Marias Figur passen würden.

Zu dieser Zeit war ich, zu meinem Leidwesen, figürlich schon recht stark geworden. Ich wusste nicht, woran es lag. Waren es die Gene? Meine Mutter und

Schwester waren auch recht beleibt. An meiner Er-
nährung hatte ich jedenfalls nichts verändert, und
Bewegung hatte ich, weiß Gott, genug. Wie auch
immer, die Einweihung war ein voller Erfolg und
eine Attraktion für Fürth.

Der Besitzer des Hauses, Herr Kurz, war auch gekommen und brachte ein besonderes Geschenk mit:
die Büste einer jungen, schönen Frau.

»Liebe Frau Lieber«, begrüßte er mich, »dieses
besondere Stück ist eine Leihgabe für Ihren wunderschönen Laden. Behandeln Sie sie gut. Ich weiß
nicht, wer die Dame ist, doch sie hatte früher einmal
hier, in der damaligen Lobby des Hotels Kütt, einen
Ehrenplatz.«

Ich war gerührt und versprach, der Büste ein besonderes Plätzchen auszusuchen.

Mir gefiel das Stück, doch Willi konnte nichts damit anfangen. »Maria, die muss weg! Du weißt
doch, wie es hier zugeht: Dauernd wird umgestellt.
Wenn die mal runterfällt ... Da mag ich gar nedd
dran denken. Außerdem hab' ich immer das Gefühl, die schaut mich an, egal, wo ich geh und steh!«

Ich lachte. »Geh, Willi! Du wirst doch nedd an
G'spenster glauben!«

»Des nedd, aber irgendwie will ich des Ding eben
nedd hier haben! Ich pack's in einen Karton und
bring's rauf ins Lager in den zweiten Stock. Da kann
ihr nix passieren!«

Ich muss noch erzählen, dass wir, bevor wir einzogen, eine Feng-Shui-Expertin eingeladen hatten, die

105

auch Wünschelrutengängerin war. Ein bisschen glaube ich ja an solche Sachen, und schaden kann es doch nie, auch hier auf Nummer sicher zu gehen.

Als wir mit ihr durch den Laden und dann hinauf in den zweiten Stock gingen, wo unser Lager einmal sein sollte, blieb die Frau plötzlich auf einer Stufe stehen, die Rute in ihren Händen drehte sich plötzlich rasend schnell.

»Hier ist eine ganz starke, schlechte Schwingung.« Sie schloss die Augen und zitterte. »Hier, an dieser Stelle, ist einmal etwas ganz Schlimmes geschehen!«

Auch uns war etwas mulmig zumute, als wir sahen, wie aufgeregt sie geworden war. Doch dann, im Laufe der nächsten Wochen und mit der vielen Arbeit vergaßen wir den Zwischenfall wieder.

Jetzt jedenfalls packte Willi die »Schöne«, wie ich sie immer genannt hatte, in einen Karton, um sie ins Lager zu tragen. Es dauerte nicht lange, und er kam zurück. So blass und erschrocken hatte ich ihn noch nie gesehen.

»Maria! Stell dir vor, was passiert ist!«

»Was ist los, Willi? Du bist ganz blass!«

»Ich brauch einen Besen und eine Schaufel. Stell dir vor, als ich ins Lager 'gangen bin, weißt, da, auf der Treppe, wo die des damals g'sagt hat, da ist mir die Büste von der ›Schönen‹ auf genau diese Stufe gekracht und in Tausende Scherben zersprungen!«

Ich schlug erschrocken die Hände vor den Mund.

»Allmächd! Was mach mer denn jetzt? Hast nedd aufg'passt, Willi, bist g'stolpert?«

»Naa, gar nedd. Es war grad so, als wär mir der Kopf aus der Schachtel entgegeng'sprungen!«

Wenn es nicht Willi gewesen wäre, der mir das erzählte, hätte ich gelacht. Aber ihm glaubte ich, ihm stand der Schreck ins Gesicht geschrieben.

Zusammen gingen wir nach oben, die Treppe war mit Unmengen von Scherben übersät. Wir klaubten alles auf, soweit es ging, und legten die Reste in die Schachtel. Oh je, was würde Herr Kurz dazu sagen?

Die nächsten Wochen schlief Willi kaum, er hatte keinen Appetit, sah schlecht aus. Mein starker Willi!

»Die Sach', die schlaucht mich so, Maria! Des geht mir nimmer aus dem Kopf. So was hab' ich noch nie erlebt«, beteuerte er immer wieder, und ich machte mir echt Sorgen um ihn.

Eines Tages kam der junge Mann ins Bistro, der die Stuckdecken und Säulen restauriert hatte. Er war ein echter Fachmann, ein Künstler, und wir fachsimpelten oft miteinander, denn durch meine Steinmetzausbildung hatte ich auch Ahnung von seinem Geschäft.

»Der Willi sieht aber schlecht aus, was ist los mit ihm?«, wollte er wissen.

Da erzählte ich ihm die Geschichte mit der Büste.

»Kann ich die mal sehen?«, fragte er interessiert.

Ich ging mit ihm auf den Speicher und zeigte ihm die Scherben in der Schachtel. »Da ist nix mehr zu machen«, meinte ich achselzuckend.

Er nahm einige Scherben in die Hand. »Ich könnt mal versuchen, sie wieder zusammenzubauen und zu restaurieren.«

»Wenn du willst ...« Ich war skeptisch.

Tatsächlich kam er nach Wochen mit der restaurierten Büste zurück. Sie schien schöner als zuvor, man konnte nicht erkennen, dass sie zerbrochen gewesen war.

»Da hast aber ein Kunststück vollbracht!«, lobte ich ihn.

»Es war mir ein besonderes Anliegen und eine Freude dazu. Ich hab's für dich gemacht, Maria!«

Willi war dazugekommen. Auch er staunte, als er die »Schöne«, die noch schöner geworden war, sah.

»Irgendwie«, er besah sie sich genauer, »find ich jedenfalls, schaut die jetzt nicht mehr so wie früher, irgendwie ist sie anders. Aber, Maria – ich will sie nimmer da haben!«

»Ich auch nedd«, stimmte ich zu. »Weißt was, wir bringen sie wieder zum Herrn Kurz zurück. Ihren Ausflug zurück ins Haus, den hat sie gehabt.«

»Ja, und überstanden hat sie ihn auch, leidlich! Trotzdem ... das Gefühl, wie der Kopf buchstäblich aus der Schachtel g'hupft ist, des werd' ich nie und nimmer vergessen.«

Später erzählte uns mal jemand, dass die Juden, wenn sie von den Nazis unrechtmäßig vertrieben worden waren, ihre Häuser symbolisch verschlossen hatten und die Gebäude somit »verhext« waren.

Das haben wir zwar nicht geglaubt, aber ein mulmiges Gefühl nach dieser Sache ist doch geblieben.

Einmal im Jahr fand in Fürth ein Klezmer-Festival statt. Das war ein Treffen mit besonderer jiddischer Musik, an dem viele Juden teilnahmen. Damals luden wir die Leute zum Essen ein, als kleines

Zeichen der Wiedergutmachung und um zu zeigen, dass man heute bei uns anders denkt. Die meisten Deutschen wenigstens.

Sowohl die Werkstatt als auch das Bistro wurden schnell von den Kunden angenommen. Es gab eine kleine Speisekarte mit feinen Gerichten, und von den umliegenden Banken, Behörden und Geschäften, aber auch direkt von der Straße kamen mittags die Gäste, um gut, aber schnell und günstig zu essen.

Am Nachmittag frequentierten diverse Damenkränzchen das Café, und abends hatten wir gelegentlich Geburtstagsfeiern oder andere Events auszurichten. Ich legte, wie immer, Wert auf Qualität für alles, was ich verkaufte und anbot, ob im Blumenladen oder im Bistro, und das sprach sich schnell herum.

Vorn im Laden hatte ich zwei Floristinnen beschäftigt, Alexandra und Tanja, jetzt fehlte Personal für das Bistro, vor allem eine Köchin!

Ich koche zwar selbst gut und gerne, aber alles kann man nicht allein machen. Also musste eine Köchin her, und die lief uns zu wie eine streunende Katze.

Sie hieß Daisy, war bildhübsch und stand eines Tages, Willi war da, weinend im Laden. Unter Tränen erzählte sie in gebrochenem Deutsch, dass sie in einem Hotel gleich in der Nähe arbeite, und die Leute sie so schlecht behandelten, dass sie dort nicht bleiben könnte.

Willi mit seinem weichen Herzen kümmerte sich um sie, und es stellte sich heraus, dass Daisy eine

109

Asylbewerberin aus Ecuador war. Sie war Mitte zwanzig, stammte aus guter Familie, und hatte, wie sie sagte, in ihrer Heimat in einer Bank gearbeitet.

Wie es so geht im Leben, fing sie wohl eine Liebschaft mit dem Bankdirektor an, und dessen Frau war dahintergekommen. Als eine einflussreiche Persönlichkeit war es der Betrogenen ein Leichtes, dafür zu sorgen, dass Daisy das Land verlassen musste. Soweit Daisys tränenreiche Schilderung.

Jetzt lebte die Arme im Lager in Fürth am Hafen, mehr schlecht als recht unter vielen anderen Asylbewerbern, und durfte das Lager nur zu wenigen Arbeitsstunden verlassen. Dabei hätte sie sich so gern ihr Brot selbst mit etwas verdient, was ihr wirklich Spaß machte.

Dies ist eine Politik, die heute noch gang und gäbe ist und die ich nicht verstehen kann: Da wird arbeitswilligen Menschen jede Tätigkeit verboten, und wir, die Steuerzahler, zahlen für ihr Nichtstun, das oft gar nicht gewollt ist. Kein Wunder, wenn das Unmut und Ärger hervorruft, aber auf beiden Seiten!

Sie könne auch kochen, beteuerte Daisy auf Willis Frage, und das stimmte: Sie kochte vorzüglich, vor allem Fisch, und vieles lernte sie in der Folgezeit von mir.

Ihre Gerichte waren eine Bereicherung für unsere Karte, außerdem war sie eine Augenweide für unsere jungen, männlichen Gäste!

Vorerst durfte sie nur zwei Stunden am Tag arbeiten, aber Willi kümmerte sich beim Arbeitsamt darum, dass sie, mit einer festen Anstellung bei uns, bald länger arbeiten durfte. Erst waren es vier, später sechs Stunden. Dass sie so endlich das Lager verlassen und sich eine kleine Wohnung suchen konnte, erfreute sie natürlich sehr. Sie war geschickt, aber auch sehr eigenwillig.

Ich habe Daisy scherzhaft »dem Willi sei Briddschla« genannt, weil er sich so um sie kümmerte, und sie himmelte Willi an. Welchem Mann täte das nicht gefallen, und ein kleines Luder war die Daisy schon.

Einmal hat mich Willi gebeten, der Dame vom Arbeitsamt, mit der er wegen seines »Briddschlas« häufiger zu tun hatte, als kleines Dankeschön einen Blumenstrauß zu bringen. Mir ist ja nix zu viel, und so fuhr ich abends nach Ladenschluss noch zu der angegebenen Adresse in Fürth. Die Wohnung lag im vierten Stock, und es gab keinen Aufzug! Aber was sollte ich machen? Also, keuchte ich, müde wie ich vom Tagwerk war, hinauf, um der Dame den Strauß zu übergeben.

An einem der nächsten Tage ging ich in die Küche des Bistros, um etwas zu essen. Es war wieder einmal spät geworden, und das restliche Essen war mittlerweile kalt.

»Daisy, mach' mir doch bitte einen Teller warm«, bat ich sie, »ich komm gleich wieder, ich muss noch mal schnell in den Laden.«

Wie es so ist, wurde ich aufgehalten, und als ich zurückkam, stand mein Essen da, war aber wieder

111

kalt geworden. Ich bat sie, es doch noch einmal auf-
zuwärmen.

Wieder wurde ich in den Laden gerufen und wieder war das Essen kalt, als ich zurück in die Küche
kam.

»Oh je, geh, Daisy, mach es mir doch bitte nochmals warm.« Kalt wollte ich das Essen nicht.

Da sagte doch das »Briddschla« zu mir, sie wolle
es jetzt nicht noch einmal aufwärmen, zweimal reiche ja wohl.

Ich war stocksauer. »Du machst mir das Essen
nochmals warm, Daisy!«, bestimmte ich.

»Nein, das mach ich nicht, und außerdem ist Herr
Kuhl mein Chef, Sie können mir gar nichts sagen«,
blaffte sie zurück.

Ich starrte sie verblüfft an. Das konnte doch nicht
wahr sein!

Ich stand da, den Teller mit dem kalten Essen in
der Hand. Da ließ ich ihn einfach fallen. Er knallte
auf den Boden, zersprang in Scherben, und das Essen spritzte in der Küche herum.

»So, jetzt wollen wir mal sehen, wer da der Chef
ist! Und die Blumen zu der Frau vom Arbeitsamt,
die kannst das nächste Mal selber hinbringen«, sagte ich kalt.

Von da an wusste Daisy, wer der Boss im Laden
war – auch wenn ich Willi immer scherzhaft »Chef«
nannte, so wie er mich »Chefin«, was übrigens so
geblieben ist bis zum heutigen Tag.

Eine meiner Kundinnen war Barbara Bredow, Dra-
maturgin am Theater in Fürth. Sie hatte zusammen

mit dem Kulturreferenten Karl Scharinger die Idee, mit Mittagslesungen Kultur nach Fürth zu bringen, ein Konzept, das in Nürnberg sehr erfolgreich lief. Sie fand, das »Bistro Giardino« wäre der ideale Rahmen für diese Veranstaltung. Das Motto hieß: »Eine Stadt liest.«

Sie hatte durch ihre berufliche Tätigkeit Kontakte zu namhaften Schauspielern und Autoren, aber auch noch unbekannte Künstler waren willkommen. Stellvertretend für alle Gäste seien Rundfunkmoderator Enrico de Paruta, der Opernstar Jutta Czurda, Asita Djavadi, bekannt aus dem Musical »Cabaret«, der Nürnberger Journalist und Humorist Klaus Schamberger, Kabarettistin Lizzy Aumeier, die humorvoll über ihre Rundungen witzelte, aber auch die Politikerin Renate Schmidt genannt.

Auch viele Prominente, die am Fürther Stadttheater auftraten, unter anderem Senta Berger und Iris Berben, kamen in meinen Laden, hörten die Lesungen und bewunderten das Ambiente – sie sind in meinen Alben per Fotos mit Unterschrift festgehalten. Ein Traum erfüllte sich: Meine Werkstatt und das »Giardino« waren in Fürth und darüber hinaus bekannt.

Jeden Dienstag bis Freitag fanden nun mittags von 12:30 Uhr bis 13:00 Uhr literarische Lesungen statt; sogar ein Klavier zu musikalischer Begleitung wurde, als Leihgabe von der Firma Piano Friedrich, aufgestellt. Nun gab es gelegentlich auch kleine Konzerte von Klassik bis zu Jazz, sogar eine Rockband spielte einmal.

Anfangs lief es etwas zäh, »die Fürther brauchen halt ein bissla lang«, doch nach einiger Zeit hatte sich ein kleines Stammpublikum gebildet.

Der Oberbürgermeister von Fürth, Wilhelm Wenning, war einer der ersten Leser, mit noch sehr geringer Zuhörerzahl, doch im Laufe der Zeit begeisterten sich immer mehr für die Veranstaltungen, und oft saßen in dem kleinen Bistro zwanzig bis dreißig Zuhörer.

Einmal war Tatjana da, eine bekannte Handleserin und Zukunftsberaterin, deren kleines Häuschen bei der Fürther Kirchweih stets von Kundschaft umlagert ist. Ich verwandelte zu diesem Anlass die »Florale Werkstatt« in ein Kräuter- und Duftparadies, mit lauter pflanzlichem »Hexenzauber« als stilvolle Umgebung für Tatjana. Für unsere bekannte Leserin sollte schließlich alles perfekt sein.

Es herrschte ein großer Andrang, die Leute wollen halt zu gern wissen, was ihnen die Zukunft bringt – obwohl es oft besser wär, man wüsste es nicht. Ich hab mir natürlich auch die Karten von Tatjana legen lassen, aber was dabei rausgekommen ist, bleibt mein Geheimnis.

Einige Jahre ging das, mit ein paar Pausen, gut mit den Lesungen. Doch dann musste ich bemerken, dass diese für das Mittagsgeschäft des Bistros eher von Nachteil waren, denn meine üblichen Mittagskunden blieben nach und nach aus.

Irgendwie war es verständlich, denn sie mussten während der Vorträge leise sein und die Handys ausschalten, das Klappern des Geschirrs beim Servieren störte ebenfalls.

Die Kundschaft wollte sich natürlich in ihrer Mittagspause unterhalten, und so suchten sie sich ein anderes Lokal. Das war nicht nur schade, sondern auf Dauer für mich wirtschaftlich gesehen wirklich schwierig. Ich musste ja Geld verdienen, die Kosten für den Laden und das Bistro waren hoch. Und so wurden irgendwann die literarischen Lesungen wieder eingestellt.

Fünf Jahre betrieb ich erfolgreich dieses Geschäft in der Friedrichstraße Nummer 5. Ich hatte stets einen anstrengenden Arbeitstag, sechs Tage in der Woche werkelte ich von morgens bis abends, doch mir hat es immer Freude gemacht.

In Fürth haben Willi und ich auch unsere ersten Markterfahrungen gemacht: Im Oktober, nach der Kirchweih, findet im Fürther Stadtpark ein Apfelmarkt statt.

Da werden alle möglichen Sorten von Äpfeln verkauft, auch alte, die man sonst nimmer bekommt. Dazu wird alles angeboten, was man aus Äpfeln machen kann – und das ist eine ganze Menge.

Auch wir waren dort vertreten: mit Apfelgelee, Apfelsaft, Apfelchutneys, Apfelringen, Apfelkuchen und anderen Köstlichkeiten, die wir im Bistro hergestellt hatten.

Willi ist, wie auch ich, ein Verkaufsgenie: Er hat an einem Vormittag zwanzig (!) Flaschen Apfelschnaps stamperleweise verkauft. Damals war der Apfelmarkt noch sehr schön und bunt, viele kleine private Händler tummelten sich. Heute ist er, wie so vieles andere auch, recht kommerziell geworden. Da werden lastwagenweise Äpfel angekarrt und vom Lkw aus verkauft. Es geht nur noch ums Geld, schade.

Die Jahre in Fürth waren, auch dank unseres Erfolges, wirklich schön. Aber ich will immer, dass es anderen, die um mich herum sind, auch gut geht. Das ist man seinem Glück schuldig. So veranstaltete ich einige Male eine Tombola und stiftete den Erlös der Volkshochschule in Fürth, die Unterstützung bitter nötig hatte, oder ich lud gelegentlich ältere Mitbürger ins Bistro zum Essen ein.

Nach und nach hat sich jedoch alles verändert.

Zuerst bauten die Banken neue Geschäftshäuser an anderen Stellen der Stadt, nach und nach verschwand der eine oder andere Laden, selbst die bekannte Metzgerei Lotter musste irgendwann schließen, und die Kunden in der Friedrichstraße blieben aus.

Innerhalb kurzer Zeit verlor die vorher so beliebte Einkaufsstraße in Fürth ihren Charme und Glanz. Plötzlich war es keine gute Geschäftslage mehr, lediglich meine Stammkunden und die Damenkränzchen am Nachmittag waren mir noch geblieben. Doch mit den Einnahmen hieraus konnte ich die hohen Miet- und Betriebskosten nicht mehr erwirtschaften.

Es war eine große Enttäuschung für mich, alles wegbrechen zu sehen und nichts dagegen tun zu können. Dann wurde – ein Unglück kommt selten allein – auch noch Willi krank.

Er hatte durch die schwere Arbeit am Flughafen einen sehr schmerzhaften Bandscheibenschaden bekommen und musste seinen Beruf am Flughafen aufgeben. Als er für Wochen in die Reha musste, fasste ich schweren Herzens den Entschluss, den Laden in Fürth nach all den erfolgreichen und schönen Jahren aufzugeben.

Der Abschied war traurig. So lange war ich nun in der Friedrichstraße gewesen, erst im kleinen, dann im großen Laden.

Als ich mich von den Abrahams, meinen Nachbarn des kleinen Ladens, verabschiedete, meinte Herr Abraham tröstend und aufmunternd: »Maria, du schaffst das, du bist wie a Katz! Selbst wenn man dich vom siebten Stock runterwirft, du kommst immer wieder auf d'Füß!«

Doch was jetzt tun? Sollte ich mich erneut beim Verband melden? Die hätten mich sicherlich wieder als Beraterin für marode Firmen vermittelt. Doch diese Ochsentour wollte ich mir, nachdem ich selbständig gewesen war, nicht mehr antun. Auch Willi war dagegen, dass ich wieder unterwegs und auf Achse wäre, alle paar Monate an einem anderen Ort, irgendwo in Bayern.

Von einer Freundin erfuhr ich, dass in der Kaiserstraße, einer belebten Einkaufsmeile in Nürnberg, ein Blumenladen aus Altersgründen neu vermietet wurde. Sofort fuhr ich hin, und was soll ich sagen: Das Geschäft gefiel mir. Auch mit der Inhaberin wurde ich schnell handelseinig hinsichtlich der Ablöse der Einrichtung. Der Mietpreis, den sie bisher bezahlt hatte und mir verriet, schien mir für die Kaiserstraße recht erschwinglich.

Ich war voller Zukunftspläne und neuer Ideen.

Doch als ich mit der Besitzerin des Ladens sprach, fiel meine Begeisterung in sich zusammen wie ein Kartenhaus. Sie verlangte glatt die dreifache Miete! Das war unmöglich zu bezahlen, und so musste ich diese Pläne schweren Herzens wieder aufgeben.

Ich war zutiefst enttäuscht. In Nürnberg zu leben und zu arbeiten, hätte mir gut gefallen!

Willi hatte, nachdem er die Arbeit am Flughafen aufgegeben hatte, am Hauptmarkt in Nürnberg einen Stand mit Freilandrosen eröffnet, die wir bei den Züchtern in Würzburg-Estenfeld direkt kauften und dann ungebunden an den Mann brachten. Das Tun und Treiben auf dem Markt gefiel Willi. Er mochte den Kontakt mit den vielen verschiedenen Leuten, und auch der Verdienst war nicht schlecht.

»Wär das nichts für dich, Maria?«, meinte er, als er meine Enttäuschung wegen des Ladens in der Kaisertraße sah.

»Na, ich weiß nedd«, zweifelte ich.

»Na, du, bei deiner Kreativität und bei deinem Verkaufstalent …« Er zwinkerte mir zu, und wir mussten beide lachen, als wir an das Fliesengeschäft dachten.

»Ich kann's ja mal probieren«, meinte ich und so startete ich meine »Karriere« als Marktfrau am Nürnberger Hauptmarkt.

Recht blauäugig waren wir damals noch, obwohl wir ja schon die ersten, nicht ganz positiven Erfahrungen mit manch anderen Standhaltern und dem Marktamt hatten machen müssen. Doch voller Schwung und Elan starteten wir in die neue Berufstätigkeit.

Noch ahnte ich nicht, wie lange ich dieses doch recht schwierige Geschäft betreiben würde.

Der Nürnberger Hauptmarkt

Wer Nürnberg kennt oder einmal besucht hat, kennt auch den Hauptmarkt. Im Herzen der Altstadt gelegen, gilt er als die »gute Stube« der Stadt. Hier schlägt das Herz Nürnbergs!

Beherrscht wird der Hauptmarkt von der im gotischen Stil erbauten Frauenkirche an seiner Ostseite. An ihrer Stelle stand bis zum Jahr 1349 eine Synagoge, die zerstört worden ist, als die jüdische Bevölkerung Nürnbergs im Zuge der Judenprogrome verfolgt und aus der Stadt vertrieben wurde.

Ursprünglich ein protestantischer Bau, wurde die Frauenkirche im 19. Jahrhundert wieder als katholisches Gotteshaus eingesetzt und entsprechend erneuert.

Eine der Attraktionen Nürnbergs ist das »Männleinlaufen« über dem Hauptportal der Kirche. Es wurde von Kaiser Karl IV., der auch die Erbauung der Kirche veranlasst hatte, 1356 zur Erinnerung an die »Goldene Bulle« gestiftet. In einem kunstvollen Uhrwerk sind Kaiser Karl und die Kurfürsten, die ihm huldigen, dargestellt.

Täglich stehen staunende Besucher und Touristen vor der Frauenkirche und warten auf das Szenario, das kurz vor zwölf Uhr beginnt: In einem festgelegten, durch Herold, Ordner und lautlose Instrumentalisten eingeleiteten Ritual erscheinen die sieben Kurfürsten mit ihrem bunten Gefolge und den Reichskleinodien, verneigen sich und umrunden drei Mal den Kaiser, der mit seinem Zepter grüßt.

Nachdem die Glocke die Stunde geschlagen hat, verschwindet der ganze, prunkvolle Zug wieder im Inneren der Uhr.

Ein weiteres Kleinod und Prunkstück des Marktes ist, neben anderen sehenswerten und historischen Gebäuden, der prachtvolle »Schöne Brunnen«. Zwischen 1385 und 1396 erbaut, ist er in den vergangenen Jahrhunderten mehrfach umgestaltet, restauriert und wieder aufgebaut worden.

Der Brunnen, den man heute als Teil der Historischen Meile Nürnbergs bewundert, ist eine 1903 angefertigte bunt bemalte Kopie aus Muschelkalk. Überreste des Originals sind im Germanischen Nationalmuseum untergebracht.

In vier Stockwerken stellen die Figuren, vierzig an der Zahl, das Weltbild des Heiligen Römischen Reiches dar, die Wasserspeier symbolisieren den Glücksbringer Adebar sowie die sieben Laster, die da sind: Hochmut, Geiz, Wollust, Zorn, Völlerei, Neid und Faulheit. Leider erkennt kaum einer mehr diese Symbolik, aber vermutlich würde eine Rückbesinnung auf die den Lastern gegengestellten Tugenden auch nichts nutzen ...

Dass auch die moderne Kunst vor solch einem Objekt nicht haltmacht, beweist der Brunnenskandal im Jahre 2006.

Da hatte der Skulpturen-Künstler Olaf Metzel anlässlich der Fußball-Weltmeisterschaft, bei der

einige Spiele im Nürnberger Fußballstadion statt-
fanden, den Schönen Brunnen mit alten Stadion-
Plastiksitzen ummantelt.

Die Wogen schlugen hoch: Einige fanden das einfallsreich und humorvoll, andere schimpften und
nannten es »entartete Kunst«.

Über Geschmack lässt sich eben nicht streiten.

Der Brunnen ist täglich von Touristen umlagert,
die eifrig an den Messingringen drehen, die nahtlos
in das Gitter geschmiedet sind. Die meisten, vor allem die Touristen, drehen an dem Messingring, weil
es der Sage nach Glück bringen soll, aber die »ech-
ten« Nürnberger glauben, der Eisenring sei der
wirkliche Glücksbringer.

Die Sage erzählt, dass der Lehrling des Meisters
Kuhn, der den prachtvollen Brunnen gebaut hatte,
in des Meisters Tochter Margret verliebt war und
diese seine Liebe erwiderte. Doch Kuhn wollte seine schöne Tochter nicht einem armen Schlucker zur
Frau geben.

»Daraus wird ein für allemal nichts!«, soll er gesagt haben. »So wenig wird etwas draus, wie du es
fertigbringst, dass die Ringe am Brunnengitter sich
drehen können!«

Als der Meister auf Reisen war, ging der Lehrling
ans Werk: Er schnitt zwei Ringe auf, fügte sie ins
Gitter ein und lötete und feilte so lange daran herum, bis man keine Nahtstelle mehr sehen konnte,
die Ringe aber beweglich waren. Dann verließ er die
Stadt.

Als der Meister zurückkam, hätte er den ge-
schickten Lehrbuben gern zurückgehabt, aber er

war nicht mehr aufzufinden, und die arme, un-
glückliche Margret weinte sich die Augen aus.

Früher stand auf dem Markt noch ein anderer
schöner Brunnen, der Neptunbrunnen, gestiftet
von dem Nürnberger Hopfenhändler Ludwig Rit-
ter von Gerngroß. Aus dem Jahr 1660 stammend,
wurde er 1902 umgesiedelt und am Hauptmarkt
aufgestellt. Gerngroß war Jude, und so haben die
Nazi-Rassisten den Brunnen, den sie verächtlich
den »Judenbrunnen« nannten, auf persönliche An-
weisung Hitlers hin abgebaut und in die Marien-
vorstadt versetzt, da er angeblich ihre nationalsozi-
alistischen Großaufmärsche störte. 1962, wurde
der Brunnen dann in den Stadtpark umgesiedelt,
wo er noch heute zu bewundern ist. Als berühmter
Platz in Nürnberg hat der Hauptmarkt im Laufe
der Zeit eine turbulente Geschichte erlebt: Im frühen Mittelalter stellte der einst sumpfige Platz das
Nebenbett der Pegnitz dar, dort siedelten sich Juden an, die aus dem Rheinland vertrieben worden
waren.

Nach deren Vertreibung Mitte des 14. Jahrhunderts aus Nürnberg und der Zerstörung der Synagoge sowie des jüdischen Ghettos legte man dort
verschiedene Märkte an. Jahrhunderte später, erst
1810, erhielt der Platz den Namen »Hauptmarkt«
zur Unterscheidung zu anderen Märkten der auf-
blühenden Stadt.

Früher muss der Markt, wenn man die alten Ansichten betrachtet, viel schöner gewesen sein als
heute. Da gab es Kolonnaden, unter denen Stände
aufgebaut waren, und der Markt wirkte nicht so öd

123

wie heute, wenn die Stände der jeweiligen Märkte abgebaut sind. Doch im Zuge einer der vielen »Verschönerungen« und Veränderungen im Laufe der Zeiten wurden diese schönen Säulengänge abgerissen.

Zur Zeit des Nationalsozialismus spielte der Platz wieder eine besondere Rolle und diente für die großen Aufmärsche und Demonstrationen der Macht der Nationalsozialisten. Er wurde in »Adolf-Hitler-Platz« umbenannt, woran man sich heute vielleicht nicht mehr gern erinnert.

Bei den Luftangriffen auf Nürnberg, die im August 1943 begannen – immerhin war Nürnberg die Stadt der Reichsparteitage und somit ein bevorzugtes Ziel der feindlichen Bomber – wurde die Altstadt und mit ihr der Hauptmarkt mit den ihn umgebenden Patrizierhäusern, der Frauenkirche, der Sebalduskirche und dem Rathaus in Schutt und Asche gelegt.

Es war ein schrecklicher Anblick, und der Hauptmarkt glich danach viele Jahre einer Geisterkulisse, woran sich ältere Nürnberger noch erinnern werden. So stand noch 1950 der zum Schutz vor Bombardements eingemauerte »Schöne Brunnen« verloren zwischen Ruinen und verödeten Freiflächen, nur die vergoldete Spitze ragte unversehrt, wie ein Zeichen der Hoffnung, aus der Betonumfassung.

Inzwischen ist der Platz wieder aufgebaut, auch wenn er die Schönheit des früheren Ensembles nicht mehr erreicht. Zu viel war unwiederbringlich zerstört und konnte nicht mehr in den früheren, vielgestaltigen Fassaden hergestellt werden.

Nach dem Einmarsch der Amerikaner hieß der Platz, allerdings nur für einige Tage, »Iron Mike Place«, später »Roosevelt-Platz«, bis er wieder den früheren Namen »Hauptmarkt« erhielt.

So ändern sich Zeiten und Namen.

Auf diesem historischen Platz findet schon seit Jahrhunderten jährlich der weltberühmte Nürnberger »Christkindlesmarkt« statt, der früher »Kindleinsmarkt« genannt wurde und mit seinen stimmungsvollen Lichtern, den vielen Ständen mit Krippen und Weihnachtsdekorationen, dazwischen die berühmten »Zwetschgenmännla« und Berge von Nürnberger Lebkuchen, Zehntausende von Besuchern aus aller Welt anlockt, die sich an Glühwein und Bratwürstla gütlich tun.

Der Christkindlesmarkt wird feierlich mit dem Prolog des prächtig gekleideten Nürnberger Christkindes eröffnet.

Dieses Christkind, das alljährlich aus jungen Nürnbergerinnen ausgewählt wird, die sich für dieses Amt bewerben, spricht von der Empore der Frauenkirche den bekannten Prolog, dem Tausende Menschen lauschen, und der so beginnt:

»*Ihr Herrn und Fraun, die ihr einst Kinder wart,*
ihr Kleinen, am Beginn der Lebensfahrt,
ein jeder, der sich heute freut und wieder plagt,
hört alle zu, was euch das Christkind sagt ...«

Doch auch andere Märkte ziehen die Besucher während des Jahres an, so der Spargel-, der Oster-, der

Herbst- oder der Trempelmarkt, einer der größten Flohmärkte Deutschlands.

Ebenso finden Festivitäten wie das Altstadt- oder das Weinfest statt, und ab und zu auch von der Stadt selbst veranstaltete »Events«, manchmal zum Ärger oder Missfallen der Nürnberger, die das nicht immer gut finden.

Zu »normalen« Zeiten gehört der Markt mit seiner 5.000 m² großen Freifläche den Marktleuten des Wochenmarktes. An die fünfzig Stände findet man dort, von den typischen rotweiß gestreiften Schirmen überdacht.

Der Markt ist sommers wie winters von Montag bis Samstag von 7 Uhr bis 20 Uhr geöffnet. Das Angebot ist vielfältig und überwältigend.

Alles, was man sich an Produkten aus der Region vorstellen kann, wird dort angeboten: Obst und Gemüse, Backwaren und Brot, Käse und Wurstwaren, Fisch, Geflügel und Eier, Marmeladen, Pilze, Wildfleisch und, nicht zuletzt, Pflanzen, Schnittblumen und Stauden.

Viele der Händler kommen seit Jahrzehnten auf den Markt, haben ihr halbes Leben dort verbracht, und oft steht schon die nächste Generation bereit, um die Familientradition fortzuführen.

Auf einer Postkarte aus dem Jahre 1900 ist folgender Reim zu lesen:

Auf dem Marktplatz ist es schön,
wo bei Veilchen Zwiebeln stehn,
wo die Düfte weißer Rosen

mich mit Knoblauchduft umkosen.
Wo Madame fein im Glanz
kauft sich eine Sonntagsgans!
Wo so lieb vor allen Dingen
grunzend junge Ferkel singen.
Wo Großreuther Bäuerinnen
alles zum Verkaufe bringen,
was in Nürnberg ist bekannt
und gebaut im Knoblauchsland.
Wo der Fremde sprachlos höret,
wenn die Hüglerin verschwöret
sich bei Obst, Kraut und Gemüse,
daher send ich beste Grüße!

So geht es den Kunden noch heute: Vor allem am Samstag ist für viele der Gang auf den Markt eine lieb gewonnene Tradition. Bei schönem Wetter gönnt man sich erst ein Frühstück oder auch nur einen Kaffee oder Cappuccino in einem der Straßencafés, man trifft den einen oder anderen Freund oder Bekannten, »raadschd a bissala«, dann schlendert man über den Markt zum Einkauf.

Meist hat man »seinen« Stand, weiß, wo es die beste Ware gibt, hält mit den Marktleuten einen Tratsch und geht dann wieder heim, die Tasche voll mit knackigem Gemüse, rotbackigen Äpfeln und obendrauf noch einen Blumenstrauß für den Sonntag.

Doch was wäre so ein Markt ohne seine Originale? Eine von ihnen, Gunda Herbst, hat es sogar zu Weltruhm gebracht.

Sie ist nämlich von einem »a weng humorlosen« Polizisten der Rathauswache »wegen Duzens einer

Amtsperson« (sprich Beleidigung) angezeigt worden.

Als sie ihn wieder einmal, trotz mehrmaligen Verbotes, geduzt hatte, meinte sie: »Den Herrgodd duz ich beim Beten aa!«

Als der Polizist sie ein andermal anherrschte: »Wie reden Sie denn mit mir, wir sind doch nicht verheiratet!«, entgegnete die Gunda schlagfertig: »Verheiratet? Mit dir? – Dich mechd' ich nedd amal g'schenkt!«

Da wurde es dem Beamten zu viel, da half nix mehr, sie wurde angezeigt und zu einer Geldstrafe von sage und schreibe 2.250,00 DM verurteilt. Eine saftige Strafe für eine Marktfrau, auch wenn die Gunda nicht ganz arm war.

Die Geschichte von der Gunda und ihrem »Duz-Feind« ging weltweit durch die Zeitungen.

Zur Ehrenrettung des Polizisten muss man gerechterweise sagen, dass die Gunda vorher rund hundert Mal wegen diverser Amtsvergehen verwarnt worden war und sogar einmal kurz in Erzwingungshaft saß. Aber sie konnte halt ihre »Schwertgosch« nicht im Zaum halten.

Als sie nach mehreren »Vergehen« vom Markt entfernt werden sollte, hat sie eine Unterschriftensammlung gestartet und durfte daraufhin weiter bleiben. Jahre später ist die streitbare »Gmüsfrau« an Krebs gestorben.

Ich habe die Gunda, die schon eine recht grobe Person gewesen sein muss, selbst nicht mehr am Markt erlebt, aber so habe ich es mir erzählen lassen.

Der Polizist von der Marktwache hat einmal zu mir gesagt: »Maria, du magst vielleicht die ›g'studierte‹ Gunda sein, aber du hast genauso eine Schlebbern, wie die eine g'habt hat.«

Da mag er schon recht gehabt haben, auch ich kann manchmal austeilen und recht direkt sein ..., aber ein bissala ein anderes Niveau als die Gunda hab' ich dann doch.

Zur Gunda tät das Gedicht von Hermann Strebel passen, dem wohl berühmtesten Kleinkünstler Nürnbergs, der auch schon lange das Zeitliche gesegnet hat. Es ist in einem schon längst vergessenen Altfränkisch geschrieben:

Ih göih no zon Markt zon gröina
Zuara Obstleri, zuara schöina
As Versehgn ih dou an der ihrn Stand hiestraaf
Und döi Obstlerin, döi holde
Zeigt die Zäh mir gleich von Golde
»Malaff, dumma«, sagts, »mach deine Glotza aaf.«
»Ja«, sagts, »schau net wöi a Schwälbla
Grod su, wöi a gstochns Kälbla!
Dir hom ja döi Spotzn scho dei Hirn rauspeckt,
Schau, daß'd weita kummst, faroll di,
Schleich di, zöig di, druck di, Doldi!«

Das einzige Denkmal, das man einer Marktfrau in Nürnberg je errichtet hat, ist das der Margarethe Engelhardt, genannt »Marcharedd«.

Sie war das Gegenteil von der Gunda, eine immer liebenswürdige Person, die man an die fünfzig Jahre

129

auf dem Markt antraf. Ihre stete Frage an die Kunden war ein freundliches: »Wos braung mern haid?«

Das steht auch unter der ihr nachempfundenen Bronzebüste, die in der Nähe des Marktes aufgestellt wurde.

Nur wenn man ihre Ware antastete, konnte sie bös werden. Dann gab es schon mal einen kräftigen Anschiss von der Marcharedd.

Eine andere lustige Geschichte, die allerdings noch vor meiner Zeit passiert sein muss, ist die vom »Falschen Fuffz'ger«.

Der Josef war ein Händler mit Gemüse und Blumen auf dem Markt. Dauernd jammerte er über sein mieses Geschäft, bei manchen scheint das einfach dazu zu gehören: »Lerne jammern, ohne zu leiden«, heißt das.

Er war recht christlich und hatte, bezeichnenderweise, seinen Platz gleich bei der Frauenkirche. Als sein Geschäft seiner Ansicht nach wieder einmal nicht gut genug lief, ging er wie so oft in die Kirche. Da wollt er beim Herrgott um bessere Geschäfte bitten, aber auch dem Pfarrer sein Leid klagen. Vielleicht könnte ja auch »der dort droben« ein gutes Wörtchen für ihn einlegen.

Beim Verabschieden zog er seinen Geldbeutel raus und steckte demonstrativ vor den Augen des Pfarrers, sodass der es gut sehen konnte, einen Schein in den Opferstock.

Der Pfarrer staunte nicht schlecht, als er das sah: Immerhin war es ein Fünfzig-Mark-Schein! Und das bei den schlechten Geschäften? Dem Pfarrer, er ist längst nicht mehr hier an der Frauenkirche, kam das gleich spanisch vor.

Er kannte seine Schäflein, und dass ausgerechnet der »arme« Josef so großzügig sein sollte, das hat er nicht recht glauben können. Dem musste ja das Wasser bis zum Halse stehen!

Am nächsten Tag leerte er den Opferstock, und der Geldschein war leicht zu finden unter den vielen Münzen. Es war nämlich der Einzige. Doch als er ihn näher betrachtete, sah er, dass es ein falscher Fuffz'ger war.

Flugs ging er hinaus auf den Markt und wedelte mit dem Schein vor Josefs Nase:

»Du, Josef, wenns'd vom Herrgott was erbitten willst, dann darfst ihn aber nedd dazu noch be-scheißen! Da hast deinen falschen Fünfziger wieder. Drehen jemand anderem an und nedd deim Herr-gott.«

Es war das Tagesgespräch auf dem Markt, und der christliche Josef hatte seinen Namen weg: »Jo-sef, der falsche Fuffz'ger!«

Und da war das »Fräulein Anni«, Gott hab' sie selig. Für mich war sie schon damals gefühlt an die hun-dert Jahre alt, ein richtiges Hutzlweibla.

Sie kam immer am Wochenende mit ihrem min-destens genauso alten Bruder auf den Markt. All das Gemüse, das sie verkauften, bauten sie selbst in ih-rem Garten an.

An ihrem Stand machte die kein »Schisslaweng«, die stellte einfach ihre Kisten ab und das war's. Ihr Gemüse war gut, man sah, dass es frisch aus dem

131

Garten kam, es war nicht so sauber und »aufpoliert« wie bei anderen Händlern, aber dafür preiswert.

Oft stand eine Schlange von zwanzig, dreißig Leuten bei ihr an, doch »Fräulein Annie« war dadurch keineswegs zu erschüttern: Wenn es Zeit für ihre Vesper war, hockte sie sich ungeniert auf eine Kiste, drehte den Kunden den Hintern zu und begann, gemächlich ihr mitgebrachtes Essen zu verspeisen. Die Kunden haben das respektiert und geduldig gewartet, da hat keiner gemurrt oder gemeckert, bis »Fräulein Anni« fertig und wieder zum Verkauf bereit war.

Sie war ein echtes G'wächs aus dem fränggischen Knoblauchsland.

Die Käthe Schumann, die schon seit 1960 ihren Stand mit Gemüse auf dem Hauptmarkt hat und immerhin an die achtzig Jahre alt sein muss, ist auch eine solche »Institution«. Sie war damals bereits die dienstälteste Händlerin auf dem Markt.

Auch sie verkauft nur samstags und nur Gemüse, das sie selbst auf den eigenen Freilandfeldern anbaut. Je nach Saison kommt sie auf etwa fünfunddreißig Gemüsesorten! »Was i ned hab', verkaaf' i ned«, ist ihr Wahlspruch.

Sie hat sich beim Aufbau nie helfen lassen, auch nicht von Willi. »Wer rastet, der rostet«, ist ihre Devise. »Wenn ich des mal nimmer kann, dann bleib ich dahaam!«, meinte sie resolut.

Ein bissla eigen ist sie schon: Mit den Händen anfassen durfte man das Gemüse bei ihr nicht, da gab's gleich G'mecker, wie früher bei der Marcharedd.

Ich verstehe es, denn ich mag es auch nicht, wenn jeder mein Essen vorher mit seinen Braddsen anlangt, wie es im Supermarkt heute gang und gäbe ist. Da graust mir schon davor, deshalb kaufe ich auch kein Gemüse oder Obst dort, das nicht verpackt ist.

Auch an meinem Stand mag ich es nicht, wenn die Frauen meine Rosenknospen antatschen und drücken, um zu schauen, ob sie auch schön fest sind.

Dann sag ich schon mal: »Lassen S' des bleiben, ich lang ja auch nedd Ihre Ditten an und schau, ob die noch fest sind.«

Einen »Playboy« haben wir auch auf dem Markt: den Günther Reiß, der für die Else Herrmann Gemüse verkauft. Diesen Stand gibt es schon über fünfzig Jahre.

Auch wenn er selbst nicht mehr so jung und knackig wie seine Ware ist, so haben wir ihn doch scherzhaft »den Playboy« genannt.

Er ist sowas von charmant zu den Frauen, die zu ihm an den Stand kommen, und er bezirzt sie und flirtet mit ihnen, er könnte ihnen nebenher alles in die Tüte stecken.

Das tut er natürlich nicht und schon gleich gar nicht bei den jungen, hübschen, die bekommen garantiert immer das Beste. Kostenlos gibt es bei ihm Rezepte und Tipps für die gute Küche.

Manche dieser beschriebenen Originale – und es gibt noch einige mehr – habe ich selbst nicht mehr persönlich auf dem Markt angetroffen, aber ich finde, sie sind es wert, an dieser Stelle gewürdigt zu werden, schließlich gehören sie zur Geschichte und zum Lokalkolorit des Marktes.

Schade, dass solche Persönlichkeiten mehr und mehr verschwinden, der Markt sich zunehmend verändert und kommerzialisiert wird. Die Zahl der Stände nimmt immer mehr ab, die der fahrbaren Fressalien-Autoanhänger dahingegen zu.

Es gibt auch zunehmend mehr ausländische Händler, immerhin leben inzwischen viele Migranten bei uns, die auch »ihre« Spezialitäten kaufen wollen, übrigens genauso wie auch die Nürnberger, die vieles davon aus dem Urlaub kennen. Es verändert natürlich den Markt, der bisher nur regionale Ware feilhielt.

Aber der »guten, alten Zeit« nachhängen, die oft gar nicht so gut war, macht keinen Sinn.

Die Welt dreht sich – und zwar, wie mir scheint, immer schneller.

Ich bin Marktfrau

Auf diesem historischen Markt stellte ich nun, mit Willi zusammen, meinen Stand auf. Doch das sagt sich leichter, als es getan ist. Der Markt unterliegt seinen eigenen Gesetzen, und das sollte ich schnell feststellen, nachdem wir uns bei der Stadt um einen festen Standplatz beworben hatten, einen sogenannten Dauerplatz.

Der Markt ist eingeteilt anhand der verschiedenen Viktualien. Da gibt es die Händler mit Fleisch-, Wurst- und Käsewaren, in der Mitte die Obst- und Gemüseverkäufer, in der Ecke bei der Frauenkirche und dem Rathaus die Blumenhändler.

Ich wurde zuerst in das sogenannte »Strafeck« gestellt, das unterste, zugige Eck des Marktes bei der Fleischbrücke, weg vom Strom der Besucher und von den anderen Blumenhändlern. Man muss sich erst »bewähren«, bevor man die Aussicht hat, einen besseren Standort zu bekommen.

Gleich an einem der ersten Tage kam einer der Händler, der seine Ware weiter entfernt verkaufte, und bedauerte mich.

»Allmächd, ins Strafeck haben's dich g'stellt? Dort hat noch keiner Erfolg g'habt. Da wirst bald wieder aufgeben!«

Diese Art von Kommentaren hörten wir noch öfter, und wenn ich leicht einzuschüchtern wär',

135

hätte es mir vielleicht den erforderlichen Mut genommen.

Die Einzige, die uns damals gut zuredete, war Frau Ostermeier, die damalige »Modezarin« von Nürnberg, gegenüber deren Boutique ich meinen Stand hatte.

»Sie schaffen das, Frau Lieber«, sprach sie mir immer wieder Mut zu in der ersten, schweren Zeit auf dem Markt. Dafür bin ich ihr heute noch dankbar.

Tatsächlich wurde dieser Platz später unser fester, und wir waren recht erfolgreich dort – so haben wir es doch allen Spöttern und Zweiflern gezeigt!

Doch vorerst bekamen wir nur einen Tagesplatz. Das hieß, dass täglich morgens die Marktaufsicht anrückte: zwei Kontrolleure, die in Wechselschicht den ganzen Tag über den Markt marschierten und jede Kleinigkeit beanstandeten. Allerdings nicht bei allen, wie wir bald feststellen mussten.

Bei mir fanden sie anfangs immer etwas zu bemängeln, und wenn es nur ein Blumenkübel war, den ich etwas außerhalb der mir zustehenden Fläche platziert hatte. Sie kassierten auch die Miete für den Tag, und natürlich war die viel teurer als die für einen Dauerplatz, der monatlich bezahlt wurde.

Außerdem konnten sie willkürlich festlegen, wo man seinen Stand aufbauen durfte, und es ist mir so manches Mal passiert, dass ich meinen wieder umbauen musste, weil es den Kontrolleuren nicht gefiel, wie und wo er gestellt war.

Es gab auch viel Ärger, wenn einem ein Standplatz zugewiesen wurde, an dem Tage vorher schon ein anderer war. Das hat sich mancher, vielleicht zu Recht, nicht gefallen lassen; einmal mussten wir wegen eines solchen Protestes unseren Stand sogar wieder abbauen und ganz woanders neu errichten.

Was für eine Arbeit das ist, kann nur ermessen, wer einmal auf dem Markt auf- und abgebaut hat! Diesen fast täglichen Wechsel empfand ich oft als Schikane, und er war natürlich nicht gut für das Geschäft; denn oft konnten mich Kunden an anderen Tagen nicht mehr wiederfinden in dem Gedränge des Platzes.

Vor allem anfangs habe ich mich oft über die Kontrolleure geärgert; später, als ich sozusagen »etabliert« war, wurde es besser. Man kannte sich irgendwann. Es hieß eben, sich zu bewähren, wenn man an einen festen Standplatz kommen wollte, und es setzte wiederum voraus, sich immer ordnungsgemäß zu verhalten, pünktlich auf- und abzubauen, seinen Stand sauber zu halten und gute Ware anzubieten, sprich, in keinster Weise irgendwie unangenehm aufzufallen.

Ob und wann man endlich einen festen Platz in der gewünschten Größe bekam, war nicht nur abhängig von der Beurteilung durch die Kontrolleure, sondern vor allem von der Marktleitung, die im Großmarkt ihr Büro hat.

Dort sitzt die Frau, ich nenne sie die »Graue Eminenz«, die letztendlich über alles auf dem Markt entscheidet. Ihren Entscheidungen ist man auf Gedeih und Verderb ausgeliefert, zumindest empfand ich es immer so.

137

Man tut gut daran, sich gut mit ihr zu stellen. Mir gelang das nicht immer, das gebe ich zu. Ungerechtigkeiten, wie ich sie oft empfunden habe, bei dem, was die Marktleitung angeordnet hatte, kann ich nicht ertragen. Ich kann dann das »Maul« nicht halten, wie man so schön sagt, und folglich habe ich mit ihr manchen Strauß ausgefochten – und das waren weiß Gott keine Blumensträuße ...

Doch letztlich, das musste ich einsehen, sitzt sie am längeren Hebel und kann einem das Marktleben schwer machen, bei allem guten Willen, den man zeigt.

Bei uns dauerte es eine gefühlte Ewigkeit, bis wir einen Dauerplatz bekamen, obwohl ich vom ersten Tag an auf meinem Tagesplatz vergleichsweise erfolgreich war.

Es ist fest vorgeschrieben, wie der Stand auszusehen hat: Die Marktschirme müssen einheitlich rot-weiß gestreift sein, und auch für den Verkaufsstand selbst dürfen keine anderen Farben verwendet werden. Anfangs wusste ich das nicht und hatte für die Tische eine andere Ausstattung gekauft. Irgendwann ist das einem der Kontrolleure aufgefallen, es wurde natürlich sogleich beanstandet und der »Grauen Eminenz« gemeldet. Das bedeutete wieder einen Minuspunkt für mich. Ich wurde ermahnt und musste meine Dekoration unverzüglich wechseln. Dies war eines der kleinen Problemchen, mit denen ich von Anfang an zu kämpfen hatte.

So ein Markttag ist sehr anstrengend, und heute frage ich mich manchmal, wie wir das ausgehalten haben. Doch Willi meint nur lakonisch, wenn ich ihn darauf anspreche: »Wenn man was machen muss, dann kann man das auch!« So ist Willi, schnörkellos und pragmatisch – aber auch immer zuverlässig. Wenn etwas gemacht werden muss, weil man es sich vorgenommen hat, dann wird das ohne viel Federlesens auch in die Tat umgesetzt.

Darauf kann man sich verlassen.

Und so sieht ein gewöhnlicher Markttag aus:

Um vier Uhr früh heißt es aufzustehen und sich fertig zu machen. Wir hatten zu der Zeit zwei Lieferwagen: einen für den Stand, einen für die Pflanzen.

Zuerst holten wir die Blumen aus dem nächtlichen Lagerplatz in einer Garage und forsteten sie dahingehend durch, wie schön sie noch waren. »Leichen«, wie man leicht angewelkte Blumen nennt, kamen bei mir nicht auf den Stand.

Dann fuhren wir zum Markt, begannen, abzuladen und den Stand aufzubauen. Wir hatten meist fünf Biertische dabei, die wir im Quadrat aufstellten, dazu einige andere Ablagen, Stühle und die Schirme. Die Tische belegten wir mit rotweißen Plastikdecken, die Schirme mussten gut in den Standfüßen verankert werden, damit sie Wind und Wetter standhielten.

Dann folgte die Dekoration des Standes. Ich hatte immer schöne Blumenkübel dabei und nicht, wie sonst üblich, die »Hollandkübel« – graue Plastikeimer, in denen die Blumen geliefert werden.

Ich hatte den Ehrgeiz, dass mein Stand der schönste sein sollte, eben etwas anderes, etwas Besonderes.

Zwischen halb sieben und acht Uhr musste fertig aufgebaut und jeder Lieferwagen weggefahren sein. Die Kontrolleure schlichen schon herum, um zu schauen, ob alles in Ordnung ist. Wehe, man war einmal zu spät dran!

Dann ging es los mit dem Verkauf. Schon vor acht Uhr waren die Ersten am Markt zum Einkaufen, und meist herrschte den ganzen Tag reger Betrieb. Oft kam man kaum dazu, etwas zu essen oder zwischendurch neue Sträuße und Bouquets zu binden, wenn die anderen verkauft waren. Das waren die guten Tage.

Doch es gab auch andere: Da schleppte es sich dahin, meist bei schlechtem Wetter, wenn die Stimmung ohnehin nicht allzu gut war. Dann konnte man auch mal über den Markt schlendern: schauen, was die anderen so anbieten, und die eine oder andere Bekanntschaft machen.

Unter den Standleuten herrscht oft Konkurrenzkampf und Futterneid, man wurde nicht immer freundlich empfangen, wenn man sich ein bisschen unterhalten wollte, und schon gleich gar nicht, wenn man erst noch auf einen Dauerplatz aus war!

Einer, der »Platzhirsch« unter den Blumenhändlern und einer der »Lieblinge« der »Grauen Eminenz«, schlenderte gern über den Markt, um die Preise der anderen Blumenhändler – und vor allem meine – auszuspähen. Dann ging er zurück zu seinem Stand und wechselte die Preisschilder aus, um meine Preise zu unterbieten. So hat er versucht, mir den Boden wegzuziehen, eine Masche, mich zum Aufgeben zu zwingen.

Aber einmal, da hat er den Bock zum Gärtner gemacht und sich kräftig mit seinem Lieferanten zer-
stritten. Der war so was von sauer, dass er zu uns
kam und uns seine Gladiolen in Kommission angeboten hat.

»Verkauft sie, egal zu welchem Preis, dem Kerl
mit seinen Dumpingpreisen werden wir das Handwerk legen.«

Da kam der Platzhirsch daher und hat gestaunt,
dass unsre Gladiolen so billig waren – wir hatten
ja den Segen vom Lieferanten. Da musste der Kon-
kurrent wohl oder übel seine Preisschilder verändern.

So war der kleine Kampf schnell entschieden.
Später habe ich mich ohnehin mit meiner besseren
Ware durchgesetzt, da gab es keine Konkurrenzge-
danken mehr.

Abends um sieben hatten wir, wenn wir uns be-
eilten, den Stand abgebaut, die Tische und Schirme
waren in dem einen und die restlichen Pflanzen, die
Kübel und Dekos in dem anderen Lieferwagen ver-
staut.

Der Wagen mit den Standutensilien blieb für den
nächsten Tag auf einem Parkplatz, den man anmie-
ten musste, die Pflanzen wurden ins Lager verbracht.

Diese Arbeit war körperlich schwer, vor allem das
viele Heben und Tragen war nicht gut für unsere lä-
dierten Bandscheiben. Doch ich hatte seinerzeit in
der Klinik in Enzensberg gelernt, wie man Heben
muss: breitbeinig, also gut abgestützt, und den Rücken stets gerade halten. Recht graziös schaut das

nicht aus, aber was soll's? Wenn's der Gesundheit hilft!

Wer denkt, damit sei der Tag geschafft gewesen, der irrt gewaltig, denn oft mussten wir jetzt noch nach Würzburg, immerhin eine gute Stunde hin und eine zurück, um frische Ware zu holen.

Manchmal fuhren wir auch nach Aschheim bei München, es kam ganz darauf an, was wir brauchten, da war jeder Händler auf etwas anderes spezialisiert.

Zu so später Stunde war gut einkaufen, denn da kamen zu den Händlern in ihre riesigen Glashäuser die Lasterfahrer aus Holland, mit Wagenladungen von frischen Blumen. Oft kamen wir spät dort an, doch da wir gute Kunden waren, wurden wir auch nachts noch bedient.

Meist kamen wir erst um Mitternacht heim, und am nächsten Morgen um vier klingelte schon wieder der Wecker.

Von all dieser zusätzlichen Anstrengung hat der Besucher, der über den Markt schlendert und sich an den vielen Ständen und Waren erfreut, in der Regel keine Vorstellung.

Auch sonntags hatten wir nicht immer frei, denn auch da mussten wir häufig los, um Nachschub einzukaufen. Manchmal gab es auch etwas zu reparieren, oder ich arbeitete schon vor, zum Beispiel band ich in der Adventszeit nächtelang Kränze für den nächsten Tag.

Die übliche Büroarbeit – Buchführung, Rechnungen bezahlen oder schreiben – fiel natürlich auch an.

Sommers wie winters standen wir auf dem Markt, montags bis samstags von frühmorgens bis abends, bei Wind und Wetter.

Im Winter montierten wir seitlich Planen als Schutz für uns und die Pflanzen vor Kälte und Wind. Gasheizer, das war unsere Erfahrung, machten wenig Sinn: Stand man davor, war es knallheiß, und man fror noch mehr, wenn man wieder zum Bedienen in die Kälte musste. Da schien es gleich besser, sich warm anzuziehen und die Kälte auszuhalten.

Nur wenn es wirklich eisig war, konnten wir mit unserer empfindlichen Ware nicht auf den Markt, da wären unsere Blümla glatt verfroren. Den Adventsgestecken und Kränzen hat die Kälte jedoch nichts ausgemacht, und so fand man uns auch in der Vorweihnachtszeit täglich auf dem Markt. Am schlimmsten war der Wind, noch dazu vielleicht Regen oder Hagel. Wenn dann der Sturm den Regen fast waagerecht dahergepeitscht hat, war man bis auf die Haut durchnässt. Ein Wunder, dass wir nicht häufiger krank waren, aber unseren Rückenbeschwerden und meiner schwachen Blase hat's nicht gut getan.

Ich erinnere mich, wie ich einmal geheult habe, als spät abends in der Adventszeit eine Frau mehrere Sträuße gebunden haben wollte und meine Finger so starr vor Kälte waren, dass ich sie kaum mehr bewegen konnte. Aber da musste man durch, da hieß es, die Zähne zusammenzubeißen. Frühzeitig abbauen oder gehen war nicht erlaubt, da hätte man gleich die Marktgenehmigung verloren.

Nur bei Unwetterwarnung wurde der Markt geschlossen, und dann hieß es sich beeilen, damit man noch vor dem Sturm daheim war!

Meine Ware ist immer saisonabhängig und wird je nach Jahreszeit verkauft, es gibt also keine Tulpen im Sommer, so wie ich auch keine Erdbeeren zu Weihnachten mag. Alles hat seine Zeit.

Ich kann mit Stolz sagen, dass mein Stand bei Kunden positiv aufgefallen ist, er war eben anders sortiert als die übrigen, auch die Pflanzen waren schöner präsentiert.

Wenn Frühling war, hatte ich nicht nur eine Sorte Osterglocken, sondern zehn verschiedene. Um dieses vielfältige Angebot zu ermöglichen, musste ich oft weit fahren, vor allem, da ich Wert auf biologisch einwandfreie Ware lege, die nicht überall zu erhalten ist. Da habe ich, auch heute noch, meine speziellen Händler, auch wenn dies mehr Aufwand beim Einkauf bedeutet.

Sich eine Stammkundschaft heranzuziehen, dauert seine Zeit, aber durch außergewöhnliche Ware, stilvolle Dekorationen und nicht zuletzt auch durch Humor und Mutterwitz und manchmal kecke Schlagfertigkeit beim Verkauf ist es mir im Laufe der Zeit gelungen.

»Wir treffen uns um zehn bei der Maria am Markt«, so verabredeten sich viele meiner Kunden, denn bei mir hat sogar das Warten Spaß gemacht. Da wurde viel gelacht; im Laufe der Jahre hat sich mein Stand zu einem regelrechten Treffpunkt entwickelt.

Egal ob Vorstandsvorsitzender, Großunternehmerin, Politiker, Bratwurstkönig oder andere »normale«

Sterbliche – alle haben sich an meinem Stand einge-funden und oft lange gewartet, bis sie endlich dran-kamen. Denn erst musste ich mich mit jedem un-terhalten, nicht nur fragen, welche Blumen es sein sollen. Ich hatte immer ein offenes Ohr. Zu vielen hatte ich ein fast familiäres Verhältnis, denn ich be-kam so einiges mit: Schwangerschaften und Gebur-ten, Eheschließungen und Scheidungen, Krankhei-ten und Todesfälle.

Es interessierte mich, wie es dem Enkelkind geht, ob die Frau wieder gesund ist, wie die Frühlingsdi-ät angeschlagen hat, wohin's im Urlaub heuer geht oder warum man sich schon zwei Wochen nicht mehr hatte sehen lassen.

Das alles brauchte seine Zeit, und die Leut' muss-ten schon ein bissala Geduld mitbringen, aber ir-gendwann hat jeder seinen Strauß bekommen.

Im Laufe der Jahre war es oft so, dass eine Schlan-ge von Käufern an meinem Stand geduldig gewartet hat, bis sie dran waren.

Als einmal einer sagte: »Maria, die Schlange an deinem Stand wird immer länger«, entgegnete ich schlagfertig: »Ich bin erst zufrieden, wenn die mal bis zum Albrecht-Dürer-Haus reicht.«

Damit hatte ich die Lacher wieder auf meiner Sei-te, denn das Albrecht-Dürer-Haus steht fast droben an der Burg.

Natürlich kamen auch viele alte Bekannte und Freunde, auch frühere Liebschaften aus meinen ver-gangenen »wilden« Jahren, auf den Markt; und wenn sie mich entdeckten, wie ich da als Marktfrau tätig war, war die Überraschung groß.

Ich hatte mich inzwischen äußerlich sehr verändert. Meine Kleidergröße hatte um einige Größen zugelegt, und mein Äußeres hatte ich der schweren Arbeit und der Witterung entsprechend angepasst, die Haare beispielsweise oft einfach zusammengenestelt. Da war nichts mehr von der Extravaganz, in der ich früher herumgeschwirrt bin: keine enge schwarze lederne Hose, keine Stöckelschuhe und kein Wagenradhut mehr!

Oft musste ich mir ungalante Äußerungen gefallen lassen, manche sahen es gar als Abstieg, dass ich jetzt Marktfrau war.

»Wie kannst denn du mit deiner Ausbildung als Marktfrau arbeiten?«, wurde ich oft gefragt. »Gäb's denn da nicht was Besseres für dich?«

Ein anderer meinte: »Du bist ja schwer abgestürzt, Maria! Hast früher ein eigenes Geschäft gehabt, und jetzt bist Marktfrau!«

Auch Willi wurde kritisch beäugt. »Was hat sie denn da für einen aufgegabelt, die Maria?«, fragte man sich.

Manchmal, besonders bei einigen, die ich kannte, haben mir solche Bemerkungen wehgetan oder mich geärgert. Vor allem, wenn ich wusste, wie es bei »denen« so zuging daheim oder im Geschäft – denn es gab eine Zeit, da kannte ich die Nürnberger Gesellschaft ganz gut. Jetzt mochte das, was ich so wusste, manchem peinlich sein.

Andrerseits verstand ich manche Reaktionen auch. Zu groß war der Unterschied zu meinem früheren Leben und Aussehen. Jetzt war ich ein gestandenes Marktweib.

Ich selbst hab es nicht so gesehen, dass der Marktstand ein »Abstieg« wäre. Ich stand zu meiner neu-
en Aufgabe. Das Leben hatte mich – wie auch immer – hierher gestellt; dieser Aufgabe wollte ich
gerecht werden, und dazu gehörte, dass ich dabei
etwas Besonderes ausstrahlte, indem ich mich ab-
hob von den üblichen Blumenständen am Markt.
Abgesehen davon habe ich, trotz der vielen Arbeit,
die Tätigkeit als Marktfrau stets sehr gemocht.

Die vielen Menschen, die man täglich traf, der
Kontakt zu den Kunden und den Touristen, die den
Markt besuchten, das Treffen mit anderen Standbe-
sitzern – netten und auch weniger netten –, kurzum,
der ganze Trubel gefiel mir.

Oft saßen vor allem Touristen in der Nähe meines Standes auf einer Bank, schauten und hörten
mir zu und lachten über meine Witze, denn inzwischen galt ich als Original auf dem Markt. Immer
war etwas los, und ich war mittendrin!

So ein Markttag ist alles andere als ein Honigschle-
cken.

Wie gesagt, mit dem Aufbau musstest du flink
sein, denn ab acht Uhr, noch bevor die Läden und
Büros öffneten, kamen bereits die ersten Kunden.
Dann ging es von Anfang an den ganzen Tag rund,
ohne Pause.

Ein schneller Imbiss aus der Hand, fix auf die
Toilette ins Rathaus und, wenn dieses geschlossen
war, schnell in einem Café etwas eingekauft, damit
man dort aufs Klo gehen konnt'. Da hab ich schon
manches Mal meine Blasenschwäche verflucht.

Einmal hatte die Stadt hinterm Markt ein Dixie-Klo aufgestellt für die Marktleute, denn es war ein Unding, dass man in den umliegenden Geschäften betteln gehen musste, um Pipi zu machen.

Aber das wurde schnell wieder aufgegeben, denn man konnte das Häusla nicht offen stehen lassen, und die Marktfrau, der man den Schlüssel übergeben hatte, war dauernd unterwegs. So schnell an den Schlüssel zu kommen, war schier unmöglich.

Später, als ich mir am Markt einen Namen gemacht hatte, kamen einmal die Veranstalter des Kemptener Marktes zu mir an den Stand und luden Willi und mich nach Kempten ein.

»Wir hätten Sie zu gern auf unserem Markt, Frau Lieber! Sie sind ein echtes Original«, lobten die, »so was wie Sie könnten wir bei uns brauchen. Schauen Sie sich doch unseren Markt mal an, wir würden Sie zu gern abwerben. So jemand wie Sie, der tät uns fehlen …«

Willi und ich fuhren hin, und es gefiel uns wirklich sehr dort. Vor allem hatten die Kemptener ein richtiges kleines Sanitätsgebäude dort stehen – mit Toiletten, Waschbecken und sogar Duschen für ihre Marktleute. Aber die Anfahrt wäre viel zu lang gewesen, und wir wollten auf keinen Fall aus Nürnberg wegziehen.

Von den Kemptenern könnte sich die Nürnberger Marktleitung eine Scheibe abschneiden, dachte ich, immerhin ist eine Menge an Standleuten auf dem Markt, und die müssen ja alle mal! Nur die Standgebühren kassieren, ständig alles kontrollieren und tausend Vorschriften machen, das allein ging eigentlich nicht. Das Mindeste, also zum Beispiel Toiletten, sollte man schon für die Marktleute bieten, fand ich damals schon.

Zu den Toilettenproblemen kamen die ewigen Rückenschmerzen von der schweren Arbeit und, noch mehr, vom vielen Stehen am Stand. Um sich hinzusetzen, blieb oft keine Zeit.

Gottlob konnte ich mir nach einer Weile eine Floristin leisten, das machte es etwas leichter, und Willi war ja auch da. Zudem half uns, zumindest in der Anfangsphase, Gunther aus:

Gunther war Gewandmeister am Fürther Opernhaus – ein ganz lieber Mensch. Er hatte sich mit seinem Lebensgefährten, sie sind inzwischen verheiratet, ein Haus gebaut und verdiente sich an den Wochenenden etwas dazu.

Doch als ein neuer Intendant nach Fürth kam, wurde es verboten, sich etwas »Zubrot« zu verdienen. So haben wir Gunther zwar als Aushilfe und Verkäufer verloren, aber nicht als Freund.

Also musste ich wieder auf die Suche nach einer Aushilfe gehen. Es sollte ja irgendwie »passen«: Man musste sich nicht nur gut verstehen, sondern derjenige hatte auch das harte Marktleben auszuhalten, sollte aber seine Freude dran haben und im Optimalfall auch Bouquets und Kränze binden können.

Die sehen nicht nur schön aus, sie zu binden kann schwere Arbeit sein, vor allem, wenn es große Gestecke oder Kränze sind.

Da hab ich mir einmal, als für eine Veranstaltung viele Gebinde bestellt waren, den Daumen verrenkt.

Mit der linken Hand hält man das Bouquet, mit der rechten bindet man, und da ist die linke Hand, vor allem der Daumen, einer großen Belastung ausgesetzt. Es hat tierisch wehgetan, und ich konnte nicht mehr weiterarbeiten. Eine gelinde Katastrophe!

»Willi, ich muss zum Doktor, der muss mir was geben gegen die Schmerzen«, sagte ich. Ich hatte einen guten Bekannten, der Arzt war und eine Praxis in Fürth hatte. »Da fahrst mich hin, Willi – zum Dr. Neuner!«

Während der ganzen Fahrt hab' ich gejammert, und als wir endlich dort ankamen, war die Praxis gebrazzelt voll. Aber als mich der Doktor sah, hat er mich gleich ins Sprechzimmer geholt.

Da haben wir uns erst mal ausgiebig unterhalten, wir hatten uns ja schon lange Zeit nicht mehr gesehen. Da ging es um alte Bekannte, seine junge Frau und das Kind, das bald kommen sollte, tausend Sachen mussten beredet und ausgetauscht werden.

Der arme Willi saß draußen und hat gewartet, über eine Stunde! Er hat sich schon gefragt, ob mich der Doktor an Ort und Stelle operiert; die Untersuchung konnte doch nicht so lang dauern!

Endlich kam ich aus dem Sprechzimmer. Wir fuhren zurück nach Nürnberg, und ich erzählte Willi erst mal alle Neuigkeiten, die ich erfahren hatte.

Kurz vor Nürnberg fragte er mich dann: »Und was ist mit deinem Daumen?«

»Allmächd! Des hab ich ganz vergessen, da haben wir gar nix g'macht!«, rief ich.

Komischerweise tat der Finger auch nicht mehr so weh. Ich drückte ein bisschen dran rum, hab ihn vielleicht dabei wieder eingerenkt, auf jeden Fall ist es ganz von allein besser geworden!

Wundersame Heilung, wenn schon Worte wirken. Gut für unser Gesundheitssystem.

Das Binden und Herstellen von Bouquets und Kränzen macht viel Arbeit, vor allem in der Vorweihnachtszeit, wenn Adventskränze gefragt sind.

Da habe ich einmal, Tag und Nacht, einhundertfünfzig Kränze gebunden. Bei mir kommen keine Gebinde an den Stand, die industriell gefertigt sind, denn diese werden zum Teil schon im Juni hergestellt, irgendwo, wo es recht billig ist. Dann werden sie begast und kühl gelagert bis zum Advent.

Ich binde meine Kränze nur mit Kiefernzweigen aus Südtirol, die aus dem Lagazuoi und vom Falzarego-Pass stammen. Dort darf zwar nur eine beschränkte Anzahl von Zweigen geschnitten werden, was zur Pflanzenerhaltung auch richtig ist, aber die Gebinde halten dann wochenlang und duften bis weit über Weihnachten hinaus.

Diese Zweige bekomme ich ebenfalls nur bei besonderen Händlern, und sie sind nicht so billig wie heimische von Fichten oder Tannen, die extra für diesen Zweck gepflanzt und oft schon im Sommer oder Herbst geschnitten werden.

Nicht weit von meinem Stand entfernt war eine Bäuerin. Als ich mich wieder mal so umschaute am Markt, hielt sie mich an.

»Maria, ich bin ganz ferddich: Ich bin die ganze Nacht im Keller g'hoggt, hab die Kränz 'bunden!«

Ich schaute mir ihre Kränze an und sah auf den ersten Blick, dass das alles billige, industriell gefertigte Ware war, sogar die Banderolen hatte sie noch dran gelassen!

Da konnte ich es mir nicht verkneifen. Ich streckte ihr meine geschundenen und vom Harz verklebten Hände hin und meinte: »Schau, ich hab auch die ganze Nacht Kränz g'macht. Aber zum Banderolen-Drumwickeln, da hab' ich keine Zeit mehr g'habt!«

Da hat sie dumm aus der Wäsch' g'schaut.

Nicht weit von unserem Platz entfernt stand die Eierfrau Maja Zinkel, von uns liebevoll »Zinkeline« genannt. Sie hatte ganz plötzlich und unerwartet ihren Mann verloren, ein schwerer Schicksalsschlag für sie. Er war einer der wenigen Menschen, der uns »Neuen« ehrlich gegenüberstand. Diese Freundschaft, jetzt zu seiner Frau und deren Sohn, hat immer noch Bestand, auch wenn ich mittlerweile nicht mehr auf dem Markt bin.

»Die kommt nimmer, die Maja!«, hatten viele der umliegenden Standleute nach dem Tod von Zinkelines Mann prophezeit: Doch sie hat es geschafft und ist heute noch am Markt, wenn auch nur noch an zwei Tagen: mit dem unvermeidlichen roten Hut auf dem Kopf, zusammen mit ihrem Sohn und einem Helfer. Einmal kam ein heftiger Sturm auf und hat der Maja ihren Stand mit den Eiern und die gesamten Kühlanlagen in Richtung Frauenkirche geschleudert. Das war eine Bescherung! Wir waren die Einzigen, die ihr halfen, alles, was nicht zerstört war, wieder einzusammeln, den Stand wieder aufzubauen und die »Eiersoße« mit vielen Eimern voll Wasser, die wir aus dem »Japanischen Brunnen« holten, wegzuspülen.

Die Solidarität unter den Marktleuten ließ oft zu wünschen übrig, mancher rieb sich vielmehr die Hände und freute sich, dass es einen anderen getroffen hatte und er verschont geblieben ist.

Auch mich erwischte es einmal bös.

Kaum hatte ich den Stand fertig aufgebaut, Willi war gerade weg, kippte eine Sturmbö meine Schirme um und zerlegte dabei den halben Stand.

Ein paar alte Weiblein vom Heilig-Geist-Spital, einer Stiftung für sozial schwache Mitbürger, haben mit ihren »Seniorenporsches«, ihren Rollwägelchen, versucht, mir zu helfen.

Da kam ein kräftiger Kerl von einem der Gemüsestände herüber, stellte sich breitbeinig hin, die Braddsn in den Hosentaschen, grinste und meinte hämisch: »Baust schon wieder ab Maria? Es hat doch noch gar nedd ang'fanga.«

Da hab ich das Prügel Mannsbild in meiner Wut am Kragen und an den Eiern gepackt und in Richtung Pegnitz geschoben: »Jetzt schmeiß ich dich in die Bengerz, du Gimbl, du! Du willst christlich sein und red'st nur dumm daher statt zu helfen.«

Auf dem Markt, da muss man sich behaupten, sonst gehörst du der Katz, das ist nix für Weicheier und Zimperliesen.

Das Ganze hatte allerdings ein Nachspiel, ich wurde bei der Stadtverwaltung angezeigt: Man solle mich des Marktes verweisen, da ich gewalttätig sei, hieß es.

153

Es wurde tatsächlich über den Antrag abge-
stimmt, doch bei einer Gegenstimme wurde er ab-
gelehnt.

Ich, »die Lieber«, war inzwischen schon recht bekannt auf dem Markt und in gewissem Sinne ein
Original, das man vielleicht nicht verlieren wollte.

Im Übrigen weiß ich, wer dafür gestimmt hat:
Ein recht »honoriger« Geschäftsmann vom Burg-
berg droben war's. Jedenfalls hatte ich Glück und
durfte trotz einer Gegenstimme bleiben. Aber es
gab nicht nur »Solchene« wie den Kerl, der mich
runtergemacht hatte; um uns herum fanden sich
auch viele nette Marktleute, zu manchen von ihnen
hat sich im Lauf der Zeit eine echte Freundschaft
entwickelt.

Ganz in unserer Nähe standen auch die »Plankstet-
tener«. Immer mittwochs und freitags kamen sie auf
den Markt und boten ihre »segensreichen« Produk-
te an. Segensreich deshalb, weil Plankstetten eine
Benediktinerabtei im oberpfälzischen Berching ist.

Sie betreiben neben der Landwirtschaft eine
Gärtnerei, eine Imkerei, eine Bäckerei und eine Metzgerei, alles ökologisch, da legt man großen Wert
drauf.

Die zwei Verkäuferinnen auf dem Nürnberger
Markt brachten ihre Waren stets selbst mit der Zug-
maschine her, eine große Anstrengung für die beiden Frauen.

Wir nannten sie immer scherzhaft »Marianne, die
Fromme« und »Dixie«, weil die Irmela sehr häufig
aufs Dixie-Klo musste.

Einmal, um die Weihnachtszeit, bot uns Marianne eine Gans an. »Unsere Gäns werden noch artgerecht gehalten, und das schmeckt man!«, meinte sie.

Also kauften wir bei den Plankstettenern eine stattliche Weihnachtsgans und brieten sie im Ofen. Unsere Floristin Heidi war zum Weihnachtsessen eingeladen.

Die Gans brutzelte im Rohr und duftete verführerisch. Als ich den Ofen zwischendurch öffnete, um nachzuschauen, tat ich einen Schrei.

Der Hals der Gans, den wir nicht abgeschnitten hatten, stand senkrecht in die Höhe, sah aus wie ein zu allem bereites Zipfala. Auch mehrmaliges Herunterdrücken half nix, das »Zipfala« stand immer wieder frech hoch.

Es war ein recht lustiges Weihnachtsessen, und die Heidi hat genussvoll am »Zipfala« geknabbert.

Als wir wieder auf dem Markt waren, haben wir es Marianne, »der Frommen«, brühwarm erzählt. »Marianne, was hast uns denn da für eine perverse Gans verkaafd?«, hab ich sie gefragt.

Aber sie hat nicht gelacht, die Arme ist nur knallrot geworden und hat sich weggedreht. Eine Gans bot sie uns seitdem nie mehr an.

So kalt und ungemütlich es im Winter sein konnte, so heiß war es oft im Sommer. Die Schirme spendeten etwas Schatten, aber für die Blumen war das heiße Wetter nichts, da ließen sie schnell die Köpfe hängen. Dann waren wieder »Wasserspiele« fällig: Wir holten Eimer voll Wasser vom »Japanischen Brunnen« und gossen diese am Stand aus, damit es dort frischer und feuchter war und die Pflanzen nicht verdarben.

Aber auch sonst sind Blumen recht empfindlich, es sind halt Lebewesen. Einmal, es war noch zu Zeiten des Tagesplatzes, bekamen wir einen Platz zugeteilt, dort, wo die Tuchgasse in den Markt einmündet. Mir hat er gleich nicht gefallen.

Schon am Vormittag sahen wir, wie die Blumen, vor allem die Rosen, die Köpfe hängen ließen.

»Sag mal, die sind doch ganz frisch? Was ist denn mit denen los?« Willi war ratlos.

»Ich weiß nedd«, wunderte auch ich mich. So etwas hatten wir noch nie erlebt! Die Blumen waren nicht mehr zu verkaufen.

Endlich kamen wir drauf: Durch die Tuchgasse zum Markt hin herrscht so ein starker Windzug, dass die Blumen buchstäblich die Köpfe einzogen. Jetzt war mir auch klar, warum ich mich an dem Stand nicht wohlgefühlt hatte. Es war die Zugluft!

Also, wieder hin zur »Grauen Eminenz« und »gesottert«. So ein Platz war für uns unmöglich, da hätten wir gleich daheimbleiben können.

Den Hauptmarkt mochte ich immer gern, doch die Verlegeplätze haben mir nicht gepasst, und das, weil sich leider zu einem Großteil des Jahres Folgendes zuträgt:

Immer wenn die Sondermärkte – wie der Christkindlesmarkt, der Frühlingsmarkt, das Altstadtfest – oder andere Märkte und Veranstaltungen der Stadt auf dem Hauptplatz abgehalten wurden, mussten wir »Wochenmärktler« in die umliegenden

Straßen weichen. Und das gerade zu Zeiten, die lukrativ gewesen wären, wo man wirklich Geld hätte machen können.

Das ging manches Mal, vor allem am Anfang, als ich mir noch keinen festen Kundenstamm aufgebaut hatte, an die Existenz, und es gab Tage, an denen Willi und ich fast verzagten und uns fragten, ob der Markt für uns Sinn machte. Schließlich mussten wir von unserer Arbeit leben, die Arbeit am Blumenstand stellte für uns ja kein Freizeithobby dar.

Für die Einteilung in den Nebenstraßen des Marktes und die Größe, die einem zugeteilt wurde, war wieder die »Graue Eminenz« zuständig.

Natürlich kann man in den Nebenstraßen nicht die gleiche Standgröße beanspruchen wie auf dem Hauptmarkt, die Gesamtfläche ist einfach zu gering. Nur galt dieser Grundsatz nicht für alle. Manche konnten scheinbar problemlos weiterhin ihre Hauptmarktgröße bekommen, andere, so wie ich, wurden in ihrer Fläche reduziert.

Diese doch eher »speziellen« Behandlungen waren für mich nicht nachvollziehbar. Die Marktpolitik hing schlichtweg zutiefst von Sympathien und Intrigen ab, und das hat mich oft geärgert.

Da bin ich also eines Tages wieder hin zur »Grauen Eminenz«, habe mich beschwert und geschimpft, dass es andere immer besser erwischen täten als ich.

Doch sie meinte kühl: »Frau Lieber, wir reden hier nicht über andere, wir reden über Sie!«

Stinksauer zog ich ab, ich konnte diese Frau einfach nicht verstehen. Kein Wunder, dass die mich nicht leiden konnte, wenn ich immer wieder bei ihr

»gesottert« habe. Aber Ungerechtigkeiten halte ich einfach nicht aus.

Zugegeben: Ganz leicht hat es die Frau mit mir auch nicht gehabt. Ich denke halt bei allem mit und mische mich auch gern ein.

Wie ich wieder mal über den Markt schlenderte, fiel mir auf, dass die Stände oben am Markt, beim »Provenza«, mit der Rückseite dorthin standen, sozusagen den großen Platz gegen die Straße abschotteten.

Das fand ich ziemlich blöd. Die standen damit im Grunde »mit dem Arsch« zur Straße. Ich hätte es viel besser gefunden, wenn die Stände entweder im Karree oder sternförmig aufgebaut gewesen wären.

Natürlich habe ich mich gleich wichtiggemacht und den Standleuten erklärt, wie sie es meiner Meinung nach besser machen könnten. Und dies geschah in meiner bekannt »*diplomatischen*« Art.

Die sind dann zur »Grauen Eminenz« gegangen und haben ihr den Vorschlag von der »Lieberin« unterbreitet. Da hätte man sie hören sollen, da war wieder mal Feuer am Dach, da kamen sie an die Richtige! Sofort wurde der arme Willi einbestellt, mit dem hatte sie leichteres Spiel als mit mir. Mein Willi ist eben umgänglicher und diplomatischer als ich.

Zu mir hat er dann daheim gesagt: »Maria, wenns'd jetzt nedd amal dei Schlebbern haltst, dann sind wir den Stand los! Musst dich doch nedd überall einmisch'n!«

Recht hatte er ja, aber ich kann doch den Mund nie halten, wenn mich was juckt. Und auch jetzt bin ich noch der Meinung, dass mein Vorschlag eigentlich recht gut gewesen wär.

Apropos »Provenza«: Der Inhaber ist, obwohl das Lokal italienische Küche bietet, ein Deutscher – ein etwas ausgeflippter Typ ist er schon, der Hermann. Er fährt eine Harley-Davidson. Mit dieser Riesenmaschine knatterte er gelegentlich von daheim über den Markt ins »Provenza«, mit Mordsgetöse.

Das hat dem zuständigen Polizisten, der für Recht und Ordnung sorgen sollte – wir haben ihn immer den »Dorfpolizisten« geheißen – natürlich nicht gefallen. Außerdem hatte er Hermann schon seit Längerem »auf dem Schirm«. Als der wieder einmal über den Markt fuhr, hielt er ihn auf.

»Sie wissen doch genau, dass Sie nedd über den Markt fahren dürfen, das ist verboten! Jetzt ist aber mal eine Verwarnung fällig.« Schon wollte er den Strafzettelblock zücken.

Doch Hermann war auch nicht auf den Mund gefallen und ließ sich schnell etwas einfallen: »Ich muss zur Maria Lieber mit der Maschin', die muss die mit Blumen dekorieren für einen Event«, sagte er.

»Ah so! Zur Maria Lieber wollen'S. Da gehen wir gleich zusammen hin, und Sie schieben das Motorrad.«

So kamen sie bei mir an. Mir war gleich klar, dass da irgendwas im Busch sein musste.

»Äh, Maria«, Hermann zwinkerte mir zu, »kannst mer nedd mei Harley a bissala aufmotzen mit a paar Blümla?«

»Freilich mach ich des, Hermann!«

Ich band eine Girlande mit Grün und Blumen und wickelte sie um das Lenkrad. »Isses so recht?«, grinste ich.

»So isses recht, Maria!«

Zu gern wäre Hermann jetzt wohl auf und davon und hätte die Blumen später wiedergebracht, aber unser Dorfpolizist war auch nicht blöd.

»So, und jetzt zahlen'S mal bei der Frau Lieber für die Dekoration, und dann gehen wir zwei wieder zurück. Sie schieben brav Ihr Motorrad, und wenn wir vom Marktplatz sind, dann können'S wieder aufsitzen«, forderte er.

So geschah es, dass der Hermann, rockermäßig in seiner Motorradlederjacke und mit Helm, seine blumengeschmückte Harley-Davidson unter Aufsicht des Dorfpolizisten quer über den Nürnberger Hauptmarkt schob. Ein Anblick, der für allerhand Gelächter, Vergnügen und Gespött unter den Standleuten sorgte.

Immerhin hat er sich so die Strafgebühr erspart, und für die Blumen wird er schon eine Verwendung gehabt haben – mir hat er sie jedenfalls nicht zurückgebracht.

Es ist streng verboten, über den Markt zu fahren, auch nicht mit Fahrrädern. Das wird, wenn man erwischt wird, gleich geahndet.

Da standen einmal zwei junge, noch recht eifrige Polizisten am Markt, um nach dem Rechten zu schauen, als eine alte Frau auf dem Fahrrad daherkam. Ich kannte sie schon, denn sie fuhr immer mit dem Rad über den Markt.

»Halt!« Einer der jungen Polizisten sprang zu ihr hin und hielt das Gefährt am Lenker fest. »Wissen'S denn nicht, dass Radfahren auf dem Markt verboten ist?«

»Des weiß ich schon«, kam die Antwort, »aber ich fahr' scho seit fuffzig Jahr über den Markt, und von so einem jungen Gimpel, wie du einer bist, lass ich mir gar nix sagen!« Dabei schubste die Alte, die abgestiegen war, ihr Rad energisch gegen den Beamten und wollte wieder aufsatteln.

»Nix da! Sie bleiben da! Und wenn Sie so renitent sind, werden wir Verstärkung anfordern.«

Schon griffen die Ordnungshüter zu ihrem Funkgerät, um den Streifenwagen vom anderen Ende des Marktes herbeizuzitieren.

Während die zwei damit beschäftigt waren, ihren Funkspruch abzusetzen, stieg die alte Frau wieder auf ihr Rad und trat kräftig in die Pedale. Natürlich lief einer der Polizisten hektisch hinterher, um die Übeltäterin nicht entkommen zu lassen.

Aber inzwischen hatte sich schon eine Gruppe von Marktleuten und Besuchern angesammelt, die den Weg blockierten. Der Polizist zeterte, rief der Flüchtigen nach und versuchte hektisch, die Umstehenden beiseitezuschieben. Alle lachten nur, es gab kein Vorbeikommen für ihn, und bis der Streifenwagen eintraf, war die Alte schon über alle Berge.

»Kennt jemand die Frau?«, fragten die jungen Polizisten.

Allgemeines Kopfschütteln. »Naa, die haben wir noch nie gesehen«, meinte einer, grinste und freute sich, dass die Frau den beiden eins ausgewischt hatte.

Auch ich bin manchmal, wenn es recht pressierte, schnell mit meinem Motorroller, einer Vespa, zu unserem Stand gefahren.

Vor lauter Schauen und Winken hab ich einmal die Kurve nimmer kriegt und bin gradewegs in einen Gemüsestand reingedüst. Natürlich hat's mich geschmissen, und ich lag, mit meinem ganzen Gewicht und meiner ganzen »Schönheit« zwischen zerquetschten Tomaten, Bohnen, Zucchini und Salat.

Das muss ein Anblick g'wesen sein, wie ich mich da aus dem Gemüse aufgerappelt hab! Sicher ein Heidenspaß für die umstehenden Marktleut'. Nur der Gemüsehändler, der hat's nedd so lustig gefunden.

»Sag amal, wo kommst denn du her?«, herrschte er mich an.

»Des is doch die Verrückte von dem Blumenstand da drunten«, rief ein anderer.

Als der wütende Gemüsehändler auf mich losgehen wollte, meinte ich: »Jetzt reg dich nedd so auf, so was kann doch jedem mal passieren.«

»Naa, jedem nedd, nur so einer Verrückten, wie du eine bist!«

Natürlich war mein Sturz in die Botanik des Gemüsestandes Tagesgespräch auf dem Markt.

Ein andermal fuhren Willi und ich auf den Rädern zum Markt, durch die Tuchgasse, der Willi voraus. Wenn ich etwas nicht leiden kann, dann eins: wenn er schneller ist als ich!

Also trat ich kräftig in die Pedale, hab' ihn überholt, geklingelt und ihm dabei die Zung' rausgestreckt. Aber kleine Sünden bestraft der liebe Gott sofort: Ich bin mit dem Reifen an einer Unebenheit in der Straße hängen geblieben, und wieder einmal hat's mich lang hingebrettert. In hohem Bogen flog ich von meinem Rad und landete unsanft auf dem Asphalt. Da lag ich nun wie ein geprellter Frosch auf dem Bauch, der Länge nach ausgestreckt, und das mitten auf der Straße.

Um mich herum scharte sich ein kleiner Kreis, doch mir aufzuhelfen, daran hat keiner gedacht. Alle haben auf mich herabgesehen und gelacht, nur mein Willi ist mir zu Hilfe gekommen.

»Recht g'schieht's dir scho, Maria! Aber froh bin ich auch, dass dir nix passiert ist«, meinte er kurz darauf, nachdem wir erst einmal geschaut hatten, ob ich mir auch nix gebrochen hatte. Außer ein paar Abschürfungen fehlte mir zum Glück nix. Da sind halt ein paar Pölsterchen auch wieder gut.

Einer meiner Stammkunden war der »Knastbruder«, wie wir ihn genannt haben – natürlich kein echter, sondern Ausbilder in der Justizvollzugsanstalt für Jugendliche in Ebrach. Der kam immer am Samstag mit seiner Frau an unseren Stand.

Er war ein bulliger Kerl, groß und stark, und ich schrie ihm meist schon von Weitem zu: »Haben'S heut' wieder Ausgang vom G'fängnis?«

Da haben die Leut ringsherum oft recht erschrocken geschaut.

Aber er war auch nicht auf den Mund gefallen, sondern hielt dann seinen Schlüsselbund in die Höhe und schrie einmal zurück: »Ich bin jetzt Freigänger, jetzt kann ich kommen und gehen, wie ich mag. Erst am Abend muss ich wieder einpassieren im Knast!«

Ich genoss Begegnungen wie diese. Die meisten Leute, die unseren humorvollen Dialog mitbekamen, traten meist sofort einen Schritt weg von »meinem« Knacki, wenn der bei mir ankam, scharrten nervös mit den Beinen und blickten betreten zu Boden. Das war ein Spaß! Dennoch wundert mich noch heute, welche Vorbehalte die Menschen oft haben und wie schnell deren Urteil gefällt war.

Eines Tages bekam der Markt hohen Besuch: Unser bayerischer Ministerpräsident Horst Seehofer besuchte einmal Franken und kam auch nach Nürnberg.

Bei dieser Gelegenheit ließ er sich mit seiner »Entourage« auch auf dem berühmten Hauptmarkt blicken. Mit dabei waren der heutige bayerische Finanzminister Markus Söder, seines Zeichens Frangge, die fränkische Bundestagsabgeordnete Dagmar Wöhrl, die sogar einmal Miss Germany war, der bayerische Innenminister Joachim Herrmann, unser Oberbürgermeister Dr. Ulrich Maly und andere »Gefolgsleute«.

Ich hab' den Seehofer an seiner stattlichen Größe sofort erkannt, auch sein tiefes »Hohoho«, was immer erklingt, wenn er lacht, war schon von Weitem zu hören. Die ganze Gesellschaft blieb an meinem Stand stehen und bewunderte die Blumen. Leutselig begann der Seehofer, sich mit mir zu unterhalten, lobte meine Ware, fragte, wie das Geschäft so ginge und was ich denn von der Gentechnik halten würde. Da war ich gleich in meinem Element und gab ihm richtig Bescheid.

Zuletzt wollte er glatt wissen, was ich denn von ihm und seiner Politik hielte. Da schoss mir durch den Kopf: *Einen wie Sie, der sein Zipfala überall reinsteckt und sich dann nedd um die Folgen kümmert, den kann ich gar nedd leiden!* Es war damals gerade publik geworden, dass eine Sekretärin in Berlin von ihm schwanger war und er sich, so hieß es zumindest, nicht drum kümmern würde.

Aber dann hab' ich mich doch anders besonnen und meinte nur keck: »Der Beckstein hat mir besser g'fallen als Sie!« Der war nämlich vor dem Seehofer Ministerpräsident, wenn auch glücklos. Aber er war »Frangge«!

Da hatte ich die Lacher auf meiner Seite. aber ich muss zugeben, der Horst Seehofer hat, wenn auch offenbar etwas säuerlich, mitgelacht und gute Miene zu meinem Ausspruch gemacht. Aber recht schnell verdrückt hat er sich dann doch von meinem Stand.

Später kam öfter die Dagmar Wöhrl zu mir an den Stand und hat immer wieder erzählt, wie alle hinterher noch immer gelacht und getuschelt hatten, mancher sicher mit einer gewissen Schadenfreude! Denn alle mögen den Seehofer auch nedd! Erst recht nedd die in der Regierung!

Bei mir am Markt war immer was los. Die unterschiedlichsten Personen kamen und orderten hübsche Gestecke für Zuhause, aufregende Sträuße für Frau, Freundin oder gar die Geliebte oder kleine Geschenke für besondere Anlässe. Es war ein

Kommen und Gehen, und so galt unser Stand als regelrechter Treffpunkt. Wie gern hätte ich so manches Mal ein Glas Prosecco ausgeschenkt und so eine noch geselligere Atmosphäre geschaffen. Das war jedoch zu meiner Zeit noch nicht erlaubt – vielleicht war es auch besser so, sonst wäre die Kundschaft wohl gar nicht mehr gegangen.

Einmal bekam ich in einer der Nebenstraßen einen guten Standplatz vor einem, sagen wir mal, Fachgeschäft. Die Besitzerin beschwerte sich bei der Marktaufsicht über mich: Die vielen Leut', die immer um meinen Stand herumstünden, würden ihr die Kundschaft vergraulen, weil immer zu viel los sei. Dabei lief ihr »Geschäft« gut, denn sobald die Leute krank wurden, mussten sie ohnehin zu ihr, mein Blumenstand war gewiss kein Hindernis. Diese Beschwerde war für mich reine Schikane.

Ich nahm diesen kleinen Konflikt vorerst nicht ernst, doch dann trat erneut die »Graue Eminenz« auf. Sie sorgte tatsächlich dafür, dass ich meinen Standplatz dort aufgeben musste. An meiner statt durfte dann eine Metzgerin ihren Wagen da abstellen.

Darüber muss ich heute noch lachen. Anstatt meiner schönen, duftenden Blumen gab es jetzt dort Fleisch und Würschd. Ob die besser gerochen haben als meine Rosen?

Die Platzverteilung, vor allem auf dem Nebenmarkt, stellte immer ein Problem dar. Einmal postierten sie uns ganz oben am Lorenzer Eck, in der Nähe der Mohrenapotheke. Das ist eine echt beschissene Lage, weil da die Leut' erst mal hinunter zum Markt laufen, um rumzuschauen, und erst auf dem Rückweg mit vollen Taschen wieder vorbeikommen – wir hatten dann oft das Nachsehen.

Als ich mich beschwerte, erwiderte der Kontrolleur nur: »Es gibt keinen schlechten Standplatz, es gibt nur schlechte Ware!«

Da wurde ich stocksauer, denn ich gab mir immer die größte Mühe, die besten Pflanzen anzupreisen. Bei mir gab es keine »Leichen«, die am nächsten Tag die Köpf hängen ließen.

Man musste eben erfinderisch und listig sein, um zu seinem Recht zu kommen: Ich bin wieder zu ihm hin und hab' um einen Tagesplatz nachgefragt.

Eigentlich ging das nicht, wenn man einen Dauerplatz hatte. Aber irgendwie klappte es doch, und ich hab unten, gleich am Eingang zum Markt, einen Platz ergattert und dort zumindest provisorisch aufgebaut.

Willi lief mit Kübeln voll Tulpen den ganzen Tag vom schlechten Standplatz droben zum guten Tagesplatz unten – und was soll man sagen: Wir haben verkauft wie verrückt!

Meinem Willi ist es auch mal so ergangen. Er musste eines Tages den Platz für jemand anderen räumen und kam weiter nach hinten, in eine wirklich bescheidene Lage.

Am Montag darauf kamen ein paar alte Weiblein zu ihm, so erzählte er mir, und beschwerten sich lautstark, dass er ihnen so schlechte Rosen verkauft hätte, die hätten schon am nächsten Tag die Köpf hängen lassen!

Da halfen alle Unschuldsbeteuerungen von Willi nichts, der nachweislich am Samstag gar nedd da, sondern viel weiter unten g'standen hatte.

Es half nichts, an dem Tag kauften die Leute ihm wenig ab, sie alle hatten das Gezeter gehört und wollten nicht noch mal mit schlechter Ware reingelegt werden.

Generell muss man aber sagen: Willi war am Markt sehr beliebt, vor allem bei den Kindern! Ich war auch nett zu den kleinen Knirpsen, die mit ihren Eltern zu unserem Stand kamen; aber den Willi, den liebten sie, obwohl er gar nedd so viel mit ihnen rumgemacht hat. Vielleicht war's aber gerade des?

Er schenkte jedem Kind, das an unserem Stand vorbeischaute, eine Blume, so wie der Metzger ein Stückla Gelbwurst oder ein Wienerla rausrückt.

Wieder einmal kaufte ein Elternpaar mit einem kleinen, etwa dreijährigen Buben, bei uns ein.

Willi beugte sich zu dem Kleinen hinunter und fragte: »Was für a Blümla möcht'st denn heut gern?«

Da zeigte der Knirps auf einen riesigen Chrysanthemenstock in einem Topf. »Den mag ich«, rief er.

Alle lachten, nur Willi meinte schmunzelnd: »Gut, wenn du den allein wegtragen kannst, kriegst du ihn!«

Da packte doch der Zwerg den riesigen Topf, der größer als er selbst war, und schleppte ihn davon! Sein Vater sprang ihm schnell nach und wollte ihn ihm wegnehmen, doch Willi protestierte laut:

»Naa, des kommt nedd infrage! Der g'hört jetzt ihm. Des hab' ich versprochen.«

»Aber dann bezahlen wir den Topf«, schlug die Mutter vor. Doch Willi schüttelte den Kopf. »Versprochen ist versprochen!«

Wir schauten der kleinen Familie dann noch nach: Immer, wenn der Papa dem kleinen Bürschla den Stock abnehmen wollte, hat der geschrien und mit den Füßen aufgestampft. Er wollte seine Beute selbst heimtragen!

Das Hin und Her mit den Verkaufsplätzen war ein ewiges Problem und Ärgernis. Es mag schon schwierig sein, das alles täglich zu managen, aber es gab einfach zu viele Ungerechtigkeiten.

Manche erhielten sofort und ohne Federlesen einen festen Standplatz. Das erklärte man dann mit der angestrebten »Vielfältigkeit« der Waren auf dem Markt.

Einmal tauchte, nicht weit weg von unserem Stand am Markt, ein Eisverkäufer auf, der auf Anhieb einen Dauerplatz bekam. Er behauptete, er würde sein Eis selbst machen, und zwar nur aus Milch von seinen eigenen Kühen, alles sei also biologisch!

Sein Geschäft lief nicht einmal schlecht, es war auch schönstes Sommerwetter. Aber bald gab er den Platz wieder auf. Es wurde gemunkelt, er hätte mindestens die Milch vom ganzen Dorf verwenden müssen, denn seine paar Kühe hätten niemals die Milch für das ganze Eis, was er verkaufte, produzieren können.

Es gehört halt Durchhaltevermögen dazu, auf dem Markt erfolgreich zu sein, das schnelle Geld verdient man da nicht. Na ja, letztlich konnte sich

dann wieder ein anderer über einen festen Dauerplatz freuen.

Was die vom Marktamt angestrebte Vielfalt der Waren anbelangte, so hatten wir auch eine Idee. Im
tiefsten Winter, wenn es zu kalt war, konnten wir
mit unseren Blumen nicht auf den Markt, da wären
die glatt erfroren. Aber wir waren ja am Markt, um
unseren Lebensunterhalt zu verdienen, und nicht
nur zum Spaß.

Also wollten wir, im Anschluss an unseren Stand,
wo noch ein wenig Platz gewesen wäre, ganz besondere seltene Kartoffelsorten wie Bamberger Hörn-
chen oder Drillinge anbieten – eben etwas, was man
woanders nicht bekam, dazu ausgefallene Gemüse-
und spezielle Essigsorten.

Doch da machte uns die »Graue Eminenz« wieder mal einen Strich durch die Rechnung.

»Direkt an Ihrem Platz, das geht nicht, da müssen mindestens zwei Stände dazwischen sein«, bestimmte sie. Warum das so hätte sein müssen, das
verstehe, wer mag – ich nicht.

Der Verdienst an dem neuen Stand wäre vermutlich nicht schlecht gewesen, aber auch wiederum
nicht so gut, dass es sich gelohnt hätte, extra eine
Verkäuferin dafür einzustellen. So mussten wir diesen zweiten Stand, der nur kurze Zeit lief, nach einiger Zeit wieder aufgeben. So viel zur angestrebten
Vielfältigkeit der Waren auf dem Markt …

Durch unsere Initiative entdeckten später andere
diese Marktlücke, und heute kann man diese Spezialitäten auch bei anderen Händlern finden.

Das Problem der unfreiwillig »freien« Tage, wenn es zu kalt für den Markt war, blieb also bestehen. Ein steter, fester Ausstellungsraum für unsere Blumen und das Zubehör, neben dem Markt, hätte schon sein Gutes, dachte ich irgendwann bei mir.

Da hörte ich von einem Haus in der Maxfeldstraße. Es gehörte einem Kunstmaler, der nach Berlin umziehen wollte. Das Haus, das ich daraufhin besichtigte, gefiel mir gleich, denn unten befand sich ein Atelier und oben die Wohnung.

Ich hatte die Idee, im früheren Atelier einen Ausstellungsraum einzurichten und nebenbei auf dem Markt zu verkaufen. Bald konnte der neue Plan in die Tat umgesetzt werden. Nachdem alles eingerichtet war, veranstaltete ich zum Einstand einen Abend zur Unterstützung der Aids-Hilfe Nürnberg-Erlangen-Fürth e. V. unter dem Motto:

»Gans amol und Gans andersch«
Schade, dass des die Gans nimmer erleb'n hodd
kenner. Der wär es Wasser im Schnabl
z'ammg'loffa.

Der Maître Helmut Ehrhardt vom »Estragon« in der Jacobstraße sollte persönlich kochen und Sängerin Anja Hackl die Gäste musikalisch beflügeln.

Es gab ein edles viergängiges Menü von der Gans, inklusive Weinbegleitung. Wir waren schnell ausverkauft, und ein stattlicher Betrag ging an die Nürnberger Aids-Hilfe.

Ein anderes Mal gab es eine

»Adventsausstellung der besonderen Art«

mit Maria Merz, die ausgefallene Buchbindearbeiten zeigte, sowie mit kleinem, feinem Schmuckwerk von Margit Hartmann und Robert Lucka.

Eigentlich hatte es mir dort gut gefallen, aber es erging mir mit dem Haus bald ähnlich wie mit dem ersten Blumenladen in Fürth: Ich fühlte mich gesundheitlich angegriffen, hab manchmal morgens schon erbrochen. Waren es noch Ausdünstungen der Farben des Kunstmalers oder die giftigen Dämpfe der Reinigungsanstalt daneben? Ich wusste es nicht, doch ich fühlte mich zusehends matter.

Man mag es nicht glauben, aber trotz meines robusten Aussehens reagiere ich sehr empfindlich auf Gifte und Umweltverschmutzungen, auch auf Konservierungsstoffe und andere »Zusatzstoffe« in Lebensmitteln.

Da sprach mich ein Kunde, Dr. Specht, an und sagte, ich sähe so schlecht aus und huste wie sein Freund, der Maler. Er hatte recht, es ging mir von Tag zu Tag schlechter. Zudem hatten sich meine Erwartungen an das Atelier nicht erfüllt.

Es war dafür gedacht, dass wir an den wirklich kalten Wintertagen, wenn man mit den frischen Blumen nicht auf den Markt konnte, hier eine zusätzliche Verkaufsstelle hätten. Doch das Haus lag im Außenbereich, außerhalb der Burgmauern, und viel weniger Leute als erhofft kamen. Im Grunde hat das Haus mehr Kosten verursacht als Einnahmen gebracht.

Da verkaufte ich es wieder, wenn auch schweren Herzens – fairerweise teilte ich dem Käufer auch mit, weshalb. Natürlich minderte das den Verkaufspreis.

Kurz darauf kam der Mann zu mir und erzählte stolz, dass er das Haus bereits weiterverkauft hätte, und zwar für fünfzigtausend Euro mehr, als er mir gezahlt hätte! Auf meine Frage, ob er denn dem neuen Käufer den Mangel gestanden habe, lachte er nur und schüttelte den Kopf.

Tja, so kann man es auch machen.

Rosen-Mary und die Flowerpower

Immer wieder wird über den trostlosen Nürnberger Hauptmarkt geklagt. Wenn nicht die Marktstände dort sind, ist er wirklich eine »Pflasterödnis«, und oft genug sind Reparaturarbeiten fällig, da der Platz durch städtische Veranstaltungen oft recht ramponiert und in Anspruch genommen wird.

So lockt zum Beispiel der »Red Bull District Ride«, der schon mehrfach in Nürnberg stattfand, Zehntausende von Zuschauern an. Da können die weltbesten MTB-Rider auf einem einzigartigen »Urban-Freeride-Parcours« ihre waghalsigen Kunststücke zeigen.

Wer's nicht versteht: Das sind Mountainbike-Fahrer, die durch die Altstadt Nürnbergs rasen und ihre verwegenen Kunststücke zeigen.

Heuer ging's von der Kaiserburgmauer mit halsbrecherischen Flugeinlagen hinunter in die Stadt bis zum Hauptmarkt. Beim »Highlight«, dem »Big Air District«, fuhren die Mountainbiker über die Treppen im Rathaus bis in den vierten Stock hinauf. Direkt aus einem Fenster nahmen sie Anlauf und zeigten in bis zu zehn Metern hohen und 15 Metern weiten Sprüngen über den Hauptmarkt ihre besten Tricks. Da werden die sieben Kurfürsten vom »Männleinlaufen«, dem bekannten Glockenspiel im Giebel des Michael-Chors der Frauenkirche, gestaunt haben, als ihnen die Radfahrer in luftiger Höhe um die Ohren geflogen sind!

Bei solchen Veranstaltungen haben die Marktleute natürlich nichts mehr am Markt zu suchen – leider auch Wochen danach nicht, da das Pflaster derart ramponiert ist, dass große Teile des Platzes erst wieder neu bepflastert werden müssen.

Aber ansonsten war auf dem riesigen, historischen Platz, außer dem großen Markt, selten etwas los, an dem wir Märktler außer der Reihe teilhaben konnten.

Klaus Schamberger – den fränkischen Journalisten, Schriftsteller und Humoristen, einen ausgezeichneten Kenner des »fränggischen Dialektes« –, der dreißig Jahre seine humorvollen, aber auch kritischen Glossen für die Nürnberger Abendzeitung verfasste, kennt in der Stadt fast jeder. In einer seiner wöchentlichen Kolumnen hat er einmal geschrieben:

»Genau ein Vierteljahr ist es her, dass wir Ihnen und unserem unermüdlichen Baureferenten die Trostlosigkeit der Nürnberger Kopfsteinpflasterwüste namens Hauptmarkt in Wort und Bild geschildert haben. Zur Behebung der Tristesse ist bisher das passiert, was häufig geschieht: Nix!

Gut, dass es neben amtlichen Hürdenträgern auch noch normale Kümmerer gibt. Zum Beispiel die berühmte Blumen-Maria vom Markt. Da ist ›Flower-Power‹ dahinter.«

So kündigte Klaus Schamberger meine kleine Initiative, den Hauptmarkt attraktiver zu machen, an.

175

Ich hatte mir etwas Besonderes ausgedacht und mit Willis Hilfe verwirklicht. Der Gedanke war, ein Stück Italien nach Nürnberg zu bringen. Dazu verwandelten wir unseren Stand in eine italienische Piazza:

»Sehen, riechen und verführen«

war das Motto unserer Veranstaltung.

Wir hatten Berge von Rosen, Lavendel, Rosmarin- und Buchskugeln, südländischen Gewürzen und Kräutern wie Lorbeer, Oregano, Thymian und Majoran unter unserem rotweißen Schirm aufgebaut, dazu wunderschöne Zitronen- und Orangenbäumchen aufgestellt, zusammen mit mediterranen Blumen und Gewächsen. Außerdem gab es diverse Marmeladen aus Zitronen und Orangen und würzige Chutneys.

Es war schönstes Wetter, und wir fanden uns an den zwei Tagen, an denen die Veranstaltung stattfand, unter einer strahlenden Sonne in eine wahre Duftwolke eingehüllt.

André Köthe, der Michelin-Sternekoch des Restaurants »Essigbrätlein« in Nürnberg war mit von der Partie und zeigte an zwei Kochplatten, welche Köstlichkeiten sich mit Kräutern zaubern lassen. Dabei belagerten ihn wissbegierige Hausfrauen und Hobbyköche, allesamt von den Kostproben begeistert.

Eine besondere Attraktion war Pfarrer Huth, ein charmanter Mann, für den alle Frauen schwärmten, auch wenn's nix nutzte, wegen des Zölibats!

Er unterhielt mit witzigen Lesungen über den Gottesgarten, »dem Herrgott in den Garten geschaut«, und ließ sich sogar zu einigen Liedern hinreißen, darunter das berühmte »Tulpen aus Amsterdam«, welches er kurzerhand in »Tulpen aus Frankenland« umtextete.

Die ganzen Tage über war unser Stand belagert, der Zustrom riss nicht ab, es herrschte eine fröhliche, im wahrsten Sinne des Wortes »göttliche« Stimmung – ein riesiger Erfolg.

Hintergrund meiner Aktion war gewesen, dass das Marktamt Wochen vorher die Standbesitzer zu einer Schulung eingeladen hatte, um den Markt attraktiver zu machen. Dort sollte ihnen vor Augen geführt werden, was der Kunde an Produktqualität, Präsentation und Service wünsche. Wir, die Marktleute, sollten daraufhin zeigen, was man so alles anstellen könne, um den Markt interessanter zu gestalten und Kunden anzulocken. Sehr viel brachte die Schulung nicht, nur wenige Händler haben sich daraufhin Gedanken gemacht.

Gejammert wird immer gern über das angeblich schlechte Geschäft, aber selbst etwas auf die Beine zu stellen, dazu Lust haben nur wenige. Sie profitieren lieber von den Aktionen anderer, wie zum Beispiel eben unserem kleinen italienischen Fest.

Natürlich kostet es vorerst Geld und braucht viel Zeit, Arbeit und Ideen dieser Art zu veranstalten, aber es macht auch Freude – und das doppelt, wenn es gut ankommt.

Jedenfalls haben wir uns gefreut, dass die Aktion auch anerkannt wurde, der lobende Brief von Herrn

Nordhard, Chef der Marktleitung, darüber klebt für immer in einem meiner Alben.

Bald gab es wieder eine neue Attraktion am Stand. Dieses Mal lautete das Motto:

»Rosen, Wein und Walzertakt«

Der Head-Greenkeeper, oberster Platzwart des Fürther Golfclubs, legte dafür unter mehreren Schirmen einen hundert Quadratmeter großen Rollrasen auf dem Pflaster aus, über den die Gäste flanieren oder – wenn sie denn wollten – sogar ein paar Tanzschritte im Dreivierteltakt wagen konnten.

Unser Stand war mit Tausenden Rosen aller Arten und Farben geschmückt. Viele alte, fast vergessene Duftrosen hatte ich besorgt, dazu passend Lavendel und Buchskugeln, dazwischen einige Kunstobjekte aufgestellt.

Meine Floristinnen Heidi, Heike sowie Gunther, der damals noch mit von der Partie war, viele andere Helferlein und ich kamen kaum mehr nach mit dem Binden von Rosensträußen.

Wir machten einen guten Umsatz an den beiden Tagen, und wieder einmal ging ein Scheck an die »Aids-Hilfe« in Nürnberg. Wenn man Glück und Erfolg hat, dann muss man auch andere daran teilhaben lassen, so denke ich.

Wieder war uns Petrus hold, und dieses Mal hatte ich auch einige andere Unterstützer geworben: Es gab Wein, Prosecco und Rosenmarmelade von Mona

178

aus dem »Weindepot Toscana«, das Rosenthal-Studio steuerte edles Porzellan mit Rosendekor bei, präsentiert von jungen, hübschen Mädchen in romantischen Roben, die ich mit Rosengirlanden verziert hatte.

Der »junge« Karl Neef von der Konditorei verzauberte mit Torten und Marzipanrosen, und eine Schmuckdesignerin, die Künstlerin Susanne Schötterl, zeigte ihre Rosenschmuckkreationen. Dazu spielte »das fast weltberühmte Ferenc-Babari-Trio Walzer, das einen den Walzerkönig André Rieu (fast) vergessen lassen kann«, wie Klaus Schamberger in einer seiner Kolumnen schrieb.

Mir brachte diese Veranstaltung den Ehrennamen »Rosen-Mary« ein.

Ein Bild in meinem Album zeigt Willi und mich am Ende des Samstags – erschöpft, aber glücklich – eher hängend als sitzend, vor unserem Lieferwagen, bereit zum Verladen der Tische und Schirme.

Ich könnte es nicht aushalten, tagtäglich nur die gleiche Arbeit zu verrichten und immer nur aufs Geld zu schauen.

So eine Veranstaltung, egal wie viel Aufwand sie erfordert, ist wie ein Fest, das den Alltag unterbricht.

Einmal hat die Stadt eine Veranstaltung zu Ehren ihres großen Sohnes, des Malers Albrecht Dürer geplant, der nicht nur Maler, sondern auch Grafiker, Mathematiker und Kunsttheoretiker war und den man zu seiner Zeit, um die Wende des 15. Jahrhunderts, im ganzen damaligen Europa kannte.

»Adam und Eva 1507/2007
Dürer sucht das Supermodel«

hieß das Event, »Bezug nehmend auf die Suche des Künstlers nach optimaler Proportion und Schönheit sowie die moderne Idealvorstellung der Gesellschaft von schönen Menschen«.

Neben Vorträgen und Gesprächen wurden unter anderem am Markt große Schautafeln mit Werken Dürers aufgestellt, dabei seine berühmte zweiteilige Ölmalerei von »Adam und Eva« mit dem Apfel, dessen Verzehr zum Sündenfall und für die Menschheit zur Vertreibung aus dem Paradies geführt hat.

Dazu hatte ich mir auch etwas ausgedacht:

Ein Apfelfestival sollte an meinem Stand gefeiert werden. Dazu habe ich meine Standfläche in ein Apfelparadies verwandelt: mit Körben voller Äpfel. Es gab alles, was man aus den Früchten nur herstellen konnte.

Unter anderem baute ich, als Blickfang, mit stabilen Stäben eine riesige Apfelpyramide auf. Diese Veranstaltung an unserem Platz ging über zwei Tage, weshalb der Stand über Nacht stehen bleiben und nicht, wie sonst, abends abgebaut werden sollte. Also trennten wir am Ende des ersten Tages mit rotweißen Plastikbändern den Stand ab. Wir hatten, wie auch die Stadt für ihre Objekte, einen Sicherheitsservice bestellt.

Am Abend des ersten Tages saßen Willi und ich mit anderen Ausstellern auf der Terrasse des »Provenza«, um den erfolgreichen Tag ausklingen zu lassen. Ich saß mit dem Gesicht zum Markt und hatte meinen Stand im Blick, sah zwei Sicherheitsleute davor stehen.

Da schlenderten zwei ältere Frauen über den Markt, blieben vor meinem Stand stehen und bewunderten die Apfelpyramide. Dann drehten sie sich um, beobachteten die Sicherheitsleute, und immer, wenn diese sich miteinander unterhielten oder in die andere Richtung sahen – schwupps – langten sie hinter die Absperrung, klauten ein paar Äpfel aus einem Korb und schoben sie sich unter die Jacken.

Erst sah ich verblüfft zu, doch als sie immer wieder in den Korb griffen, stand ich auf. In meiner gewohnt resoluten Art lief ich von der Terrasse aus zu ihnen und pflanzte mich vor den beiden auf.

»Haben Sie eine schlechte Rendde?«, fragte ich sie barsch.

Die beiden sahen mich an, verdutzt, dann meinte die eine: »Naa, unsere Rendde ist gut, wir kommen aus damit!«

Da hob ich ihre Jacken hoch, sodass die gestohlenen Äpfel herauskullerten und auf den Boden polterten.

»Dann geben'S die Äpfel wieder her! Wenn'S a schlechte Rendde hätten, dann dät ich Ihnen die Äpfel schenken, dann hätt' ich Ihnen sogar noch welche mit dazugegeben. Aber wenn Sie genug Geld haben, dass Sie sich Äpfel *kaufen* können, dann lassen S' meine Äpfel da und klauen nedd!«

Ich hab ein Herz für Leute, die nicht viel haben oder im Unglück sind, aber beklauen lasse ich mich nedd!

Nachdem das Rosenfest solch ein Erfolg gewesen war, juckte es mich im nächsten Jahr wieder. Dieses Mal hieß das Fest an unserem Stand:

»Rosen, Rotwein und mehr«

Wieder hatte ich den Rollrasen auslegen lassen und mit wunderschönen Rosen, den Blumen der Liebe, dekoriert. Dieses Mal hatten wir zur Freude der Kinder ein Wasserbecken aufgestellt, und das »Sushi-Glas«-Restaurant zeigte, wie man Sushi perfekt zubereitet und rollt.

Ich hatte uns weiße Schürzen machen lassen mit dem Slogan: *Es ist Kuhl, lieber bei Lieber zu kaufen!* Eine Anspielung auf Willis und meinen Nachnamen. Werbung muss sein!

Auch dieses Rosenfest war wieder ein voller Erfolg, so wie auch das Festival

»Rosé küsst Rose«.

Maria Lieber erweckt den Hauptmarkt wieder einmal zum Leben mit ihrer Leidenschaft für einzigartige Rosen und andere duftende Träume.

So war es angekündigt, und dieses Mal konnte ich einige andere gewinnen, mitzumachen: Von »Königsdienste« wurde Rosé-Sekt ausgeschenkt, Anja Hackl servierte wieder musikalisch-literarische Besonderheiten, die »Confiserie Neef« servierte süßeste Versuchungen, und das Restaurant »Estragon« bot überraschend ausgefallene Köstlichkeiten an.

Das Restaurant »Sushi-Glas« war wieder mit Sushi und Sashimi dabei, der Gemüsebau »Kratzer« mit mediterranen Bioprodukten und die Klosterbetriebe Plankstetten mit ihren Biolandprodukten.

Die »Zellerin«, die Frau des Greenkeepers, zeigte ihre sehr besonderen Kunstobjekte aus Materialien wie Holz, Schrott und Schrauben.

Doch der Hingucker war ein weißer Porsche-Cabriolet-Oldtimer, der massenhaft die Männer, aber auch Frauen anzog.

Da war mal wieder etwas geboten auf dem Nürnberger Hauptmarkt; Petrus meinte es gut, wie immer wenn ich etwas veranstaltete, und die Sonne strahlte!

Die Organisation solcher Veranstaltungen machte immer viel Arbeit, aber der Erfolg entschädigte für vieles.

Lieber. Lust und Leidenschaft

Zehn Jahre oder mehr war ich nun schon mit Willi zusammen auf dem Markt, und diese Jahre hatten ihren Tribut gefordert, vor allem gesundheitlich.

Der alte Herr Neef, Gott hab ihn selig, der in der Winklerstraße eine Konditorei mit Café betrieb und wegen seiner guten Kuchen nicht nur in Nürnberg bekannt war, meinte einmal zu mir, als er wieder Blumen am Stand holte: »Maria, hast denn immer noch nedd g'nug? Des ist doch ein zu anstrengendes Leben auf Dauer, meinst nedd?«

Er kannte sich aus, denn er hatte früher auch einmal einen Stand am Markt.

Ich musste ihm zustimmen, anstrengend war es. Andererseits, auch wenn das Leben als Marktfrau ein hartes Brot ist, mir hat es immer gefallen, und der Abschied vom Markt würde mir schwerfallen, das wusste ich.

Doch mein Rücken und zuletzt andere gesundheitliche Probleme machten mir mehr und mehr zu schaffen. Aber ganz aufhören? – Nein, das kam weder für mich noch für Willi infrage, das konnten wir uns nicht vorstellen. Abgesehen davon, was sollten wir dann tun? Wir mussten ja schließlich unseren Lebensunterhalt bestreiten.

Da kam eines Tages ein Makler, auch einer meiner Kunden, an den Stand und sagte, er hätte da was für

mich. In der Winklerstraße gäb's ein Blumenge-
schäft, und die Mieterin müsse umständehalber
dort ausziehen.

»Wollen'S nedd das anstrengende Marktleben mit
einem Blumenladen tauschen?«, fragte er mich. »Sie
haben doch schon früher in Fürth recht erfolgreich
einen Blumenladen gehabt, wie ich weiß. Schau'n
Sie sich das doch mal an!«

Willi war strikt dagegen. »Maria!«, protestierte er,
als ich ihm von dem Vorschlag erzählte. »Jetzt sind
wir da am Markt so bekannt und eing'sessen. Da
kennen wir uns aus. Warum willst denn immer wieder was Neues anfangen? Ehrlich, da graust mir davor! Und außerdem weißt doch, wie schwer es heut-
zutag' die Blumenläden haben.«

Da hatte er recht. Man musste sich mit einem Blumenladen schon etwas einfallen lassen, sonst lief es
nicht. Da half nicht einmal eine gute Lage.

Heutzutage kann man überall Blumen kaufen, in
jedem Supermarkt und bei jedem Discounter stehen
Schnittblumen oder Bundsträuße neben der Kasse.
Da nimmt man schnell mal einen mit, sie sind ja so
billig. Wenn die dann zwei Tage später die Köpf-
chen hängen lassen, macht es nichts, man nimmt
eben beim nächsten Einkauf einen neuen mit.

Erst wenn man was Besonderes will, für einen
besonderen Anlass, geht man in den Blumenladen.

Das gute Geschäft ist auf wenige Anlässe im Jahr
beschränkt: Advent und Weihnachten, Valentinstag,
Ostern, Muttertag und Allerheiligen. Da geht was,
die übrige Zeit ist mehr oder weniger »tote Hose«.

Doch diese Problematik kannte ich aus Fürth, ich würde es anders machen, davon war ich überzeugt. Die Sache ging mir nicht aus dem Kopf.

Neugierig und ohne Willi was zu sagen hab' ich mir den Laden ang'schaut: Das Haus hat mir gleich gefallen, ein altes Sandsteingebäude aus dem Jahre 1690, das sogenannte Savoyerhaus. Auch die Lage war gut, nur wenige Schritte vom Markt entfernt, gleich gegenüber der Konditorei Neef, mit der ich schon oft am Markt zusammengearbeitet hatte.

Der Innenraum war nicht groß, die Wände aus Sandstein, mit einem Kreuzgewölbe, wirklich schön.

Weniger gut gefallen hat mir der Laden daneben, so ein esoterisches Geschäft, das Yoga und Zubehör dieser Art anbot, alles war lila angemalt, das hat dem alten Haus den Charme geraubt. Später stellte sich heraus, dass die Inhaberin auch immer wieder Probleme mit der Stadt deswegen gehabt hatte, denn das Savoyerhaus ist schließlich ein historisches Gebäude, das unter Denkmalschutz steht – und da passt so was Neumodisches einfach nedd dazu.

Die Blumenhändlerin war schon weg, der Laden leer.

Ich konnte mich immer mehr dafür begeistern, dort ein Geschäft einzurichten, und sofort begann es, in meinem Kopf zu rumoren. Ich sah die Einrichtung schon vor meinem geistigen Auge.

Willi jedoch war weiter dagegen. Ich versuchte, ihn zu begeistern und zu überreden. »Weißt, du kannst immer noch auf dem Markt bleiben, wir können doch beides machen, den Stand am Markt

und den Laden.« Ich gab mein Bestes, ihn umzustimmen.

»Maria, ich glaub', du spinnst! Wie soll denn des
gehen? Ich allein am Markt und du im Laden?«

»Na, eine Floristin brauch ich sowieso, und dann
könnt ich zwischen dem Laden mit der Floristin
und dem Stand mit dir hin und her. Es ist ja nedd
weit, das geht schon.«

Doch er schüttelte den Kopf. Aber er wusste,
wenn sich seine Maria was in den Kopf gesetzt hatte, gab es keine andere Wahl.

Also haben wir 2010 den Laden angemietet.

Aus der Fürther Zeit hatten wir noch Regale und
Tische eingelagert, so war es nicht allzu teuer und
aufwendig, den kleinen Laden einzurichten: im hinteren Teil die Werkstatt, vorn den Verkauf.

Draußen stellte ich als Empfang und Hingucker
neben anderen Dekorationen einen grün lackierten
Stuhl hin, neben den ich ein Schild stellte, auf dem
stand: *Angebot: Einmal hinsetzen und entspannen
(umsonst).*

Der Laden wurde gleich gut angenommen, man
kannte mich vom Markt, und ich übernahm sowieso mehr Aufträge über Bestellungen als für die
Laufkundschaft.

Jetzt rannte ich mehrmals zwischen der Winklerstraße und dem Markt hin und her, das war purer
Stress, und bald ergab sich ein Problem.

»Maria, des macht keinen Sinn«, schimpfte Willi.
»Wenns'd nedd am Markt bist, kaufen die Leut' nix,

die wollen von *dir* bedient werden, da nutzt es auch nix, wenn ich die Bestellungen aufnehm'. Und im Laden ist es das Gleiche! Bist am Markt, stehen die Leut dort und sind sauer, weil du nedd da bist. Des alles steht und fällt mit dir, Maria! Man kann nedd auf allen Hochzeiten tanzen!«

Ich wusste, er sagte mal wieder die Wahrheit, ich rieb mich fast auf zwischen den zwei Arbeitsplätzen. Es stimmte, dass die Leut' nicht nur Blumen kaufen, sondern individuell beraten werden wollten. Oft genug hört man sich in meinem Metier manche Geschichten an und ist Verkäufer und Seelentröster zugleich. Was also sollten wir tun?

Erst einmal organisierte ich, sozusagen als Einstand in der Winklerstraße, zusammen mit den anderen Anliegern ein Straßenfest über zwei Tage, unter dem Motto:

»Dolci, Fiori, Antipasti und viel mehr«

Dazu hatte ich die Parkplätze vor dem Haus in ein Blumenparadies umgestaltet, mit den wunderbaren Glasskulpturen des Künstlers Wiktor Borowski, den ich bei einer Rosenthal-Ausstellung kennenlernen durfte, für die ich die Blumendekoration hergestellt hatte.

Die Confiserie Neef von gegenüber bot unter anderem frische Obsttörtchen an, im »Rossini« daneben konnte man bei Livemusik Prosecco genießen, und Tania Helmsing vom Yogaladen nebenan, in dem jetzt unsere Eremitage beheimatet ist, verwöhnte die Kunden mit »Nürnberger Glückspilzen«.

Das wunderschöne Fest gab mir Auftrieb und Hoffnung für das Gelingen der »Floralen Werkstatt« in der Winklerstraße, an deren Eingang nun folgender Schriftzug prangte:

»Lieber. Lust und Leidenschaft«

So sollte es sein, mit Lust und Leidenschaft wollte ich meinen neuen Laden betreiben!

Die Blumenflüsterin

Ich habe von jeher einen besonderen Geschmack für Blumengestecke und Dekorationen, nicht erst seit meiner Ausbildung an der Fachschule für Blumenkunst in Weihenstephan.

Bei mir musste immer schon alles natürlich sein, so aufgeputzte Dekorationen mit Glitter und Flimmer sind nicht meine Sache. Aus wenig viel zu machen, das ist (m)eine Kunst! Das Gespür für Pflanzen und Blumen muss aus dem Innersten herauskommen, man muss fühlen, ob die zueinander passen, sich miteinander vertragen. Das ist wie bei den Menschen, auch da muss die »Chemie« stimmen, sonst entsteht keine Harmonie.

Häufig werde ich von Kunden, wenn sie ihren bestellten Strauß abholen oder eine fertige Dekoration begutachten, gefragt, wie ich denn ausgerechnet darauf gekommen wäre, weshalb ich gerade diese Blumen ausgewählt hätte. »Woher haben Sie denn gewusst, dass mir gerade das gefällt?«, höre ich oft, obwohl ich vorher keine Angabe dazu bekam.

»Des ist mein Geheimnis!«, geb' ich dann zurück. »Des muss von Herzen kommen, des kann man nedd erklären.«

Wenn zu mir jemand kommt und etwas bestellt, schau ich mir erst mal genau an, was für ein Mensch das auf den ersten Blick zu sein scheint. Dann reden wir ein wenig, und so komm ich oft mit den Leuten ins Gespräch. Ich frag dies und das, bringe den Anlass für die Bestellung in Erfahrung und erfahr' so allerhand.

Erst wenn ich mir ein Bild von allem gemacht hab', entsteht in mir eine Vorstellung, was ich zaubern könnt, da muss ich nicht einmal nach den Lieblingsblumen fragen. Was man braucht, ist das richtige »G'schbür«.

Dann fahr ich los und kauf ein. Bei mir gibt's nix Vorgefertigtes, alles wird individuell hergestellt, und das schätzen die Leut'.

Aber natürlich reicht das »G'schbür« allein nicht, man muss die Blumenkunst von der Pike auf gelernt haben, und da hatte ich in Weihenstephan die besten Lehrmeister.

Doch mein »Guru« und großes Vorbild ist Tage Andersen, die Legende aus Kopenhagen. Mit seinem Bart und seiner Kleidung sieht er wirklich ein weng wie ein Guru aus, doch er ist der größte Könner auf dem Gebiet der Blumenkunst, der mir bekannt ist – dabei kommt er ursprünglich aus der Patisserie, ist eigentlich ein Zuckerbäcker.

Er hat in Kopenhagen ein Atelier und Ausstellungsräume, verbindet Pflanzen und Kunstobjekte zu unglaublich schönen Gebilden. Schon einige Male war ich dort und bin immer wieder wie verzaubert.

Noble Hotels und selbst Königshäuser lassen bei ihm dekorieren; erst kürzlich hat er die Hochzeit der Kronprinzessin Victoria von Schweden floral gestaltet.

191

Mittlerweile hat er ein Schloss in Småland, wo er Workshops veranstaltet. Die sind leider im Preis unerschwinglich, zumindest für mich, fast so wie seine unglaublich schönen Bücher, von denen ich einige besitze und von denen ich mich immer wieder inspirieren lasse.

Eine meiner Kundschaften, die Blumen besonders liebt, reiste einmal nach Dänemark, und ich riet ihr, bei Tage Andersen in der Ny Adelgade 12 vorbeizuschauen. Das wäre ein Erlebnis für sich, da war ich mir sicher.

Als sie zurückkamen, fragte ich den kleinen Sohn Johann, wie ihm denn der Laden gefallen hätte. Da meinte er treuherzig: »Da war es schön, aber bei dir, Maria, da gefällt's mir besser. Nur so schöne Babbageien wie der hast du nedd.«

Ich hab viele Stammkunden, auch viele Männer drunter, die sich ganz auf mich verlassen. Einer dieser Kunden kam regelmäßig zu mir, auch, um manchmal sein Herz bei mir auszuschütten. Er hatte kein so rechtes Glück mit Frauen, irgendwie ging immer etwas schief. Gerade hatte er sich wieder verliebt.

»Frau Lieber, meine Bekannte und ich fliegen nach Istanbul, und dort will ich ihr einen Heiratsantrag machen. Dazu brauche ich einen besonders schönen Strauß, denn dieses Mal muss es klappen«, gestand er.

»Wollen'S denn den Strauß mit in die Türkei nehmen?« Ich musste lachen über diese Idee.

»Genau! Den nehm ich mit, ich will auf Nummer sicher gehen! Ist das zu machen?«

»Natürlich geht das. Ich mach' Ihnen einen schönen Strauß und werd' ihn gut verpacken.«

Ich band einen Traumstrauß aus englischen Duftrosen, steckte noch ein Liebeskräutlein dazu, das ich nicht verrate, verpackte das Ganze in Papier und einen Karton, und er holte ihn ab, kurz bevor er zum Flughafen fuhr.

»Alles Gute und viel Glück!«, rief ich ihm noch nach und dachte bei mir, dass der Mann fast noch verrückter war als ich!

Tage darauf war er wieder zurück und im Laden. »Und? Wie war's?« Ich war gespannt.

Er strahlte übers ganze Gesicht. »Es hat geklappt, sie hat Ja gesagt! Sie konnte es nicht fassen, dass ich den Strauß extra für sie von Deutschland in die Türkei gebracht habe! Erst als ich ihr das Papier und den Karton gezeigt habe, hat sie es geglaubt!«

Natürlich wurde ihr Brautstrauß ein Pendant zu ihrem »türkischen Verlobungsstrauß«, auch mit Liebeskräutlein drin, und beide sind bis heute glücklich verheiratet und haben zwei süße Jungs.

Einer meiner steten Kunden war ein sehr feiner Mann, der jedes Wochenende vorbeikam und drei Sträuße abholte: einen großen für seine Frau, zwei kleinere für seine beiden Töchter. Ich dachte mir immer, je nach Jahreszeit, etwas Besonderes aus. Wenn er die Sträuße holte, gab's meist eine Unterhaltung extra dazu.

Einmal kam seine Frau zu mir und meinte: »Frau Lieber, fast könnte ich eifersüchtig sein, so bewundert mein Mann Sie!«

Da widersprach ich energisch: »Nein, das stimmt nedd. Er bewundert *Sie*, das sagt er mir immer wieder!«

Wieder einmal war er am Samstag da, um die Sträuße abzuholen. Am Montag darauf erfuhr ich, dass er gestorben war. Herzinfarkt! Das hat mir sehr leidgetan, er war so ein liebenswerter, feiner Mensch.

Kurz darauf kam der Trauerredner zu mir, um für seine Rede ein bissala was zu erfahren.

»Aber da müssen S' doch zu seiner Frau gehen«, wunderte ich mich.

»Ja, da war ich schon. Aber die hat g'meint, Sie hätten ihn auch gut gekannt, könnten ihn sicher gut beschreiben und was erzählen über ihn!«

Ein anderer Stammkunde kam ebenfalls jede Woche, um einen Strauß für seine Frau zu holen. Er war ein eleganter Mann und wollte immer etwas Exquisites.

»Wissen Sie, Frau Lieber, für meine Frau ist das Beste gerade gut genug!«, meinte er oft.

Er wurde sehr krank, litt an Krebs, und als er wusste, dass es zu Ende ging, schrieb er genau auf, wie die Beisetzung und die Trauerfeier vonstattengehen sollten. Dabei verfügte er schriftlich, dass sämtlicher Blumenschmuck und auch das Sarggesteck für seinen Designersarg nur von der Frau Lieber gemacht werden dürften.

Das war dann eine besondere Ehre für mich; Willi und ich haben knorrige Äste um den Sarg des Verstorbenen gebunden und in diese Barockrosen – »Cherry

Brandy« – hineingeflochten. Es sah wunderschön aus.

Seine Witwe kommt immer noch zu mir, erst neulich war sie wieder da.

»Frau Lieber, ich hab' am Montag Geburtstag und möchte mir einen Strauß bei Ihnen bestellen«, begrüßte sie mich. »Was glauben Sie, hätte mein Mann bei Ihnen gekauft?«

Es war ihr erster Geburtstag nach dem Tod ihres Mannes. Da hab' ich sie kurz gedrückt und einen Strauß für sie gebunden, einen ganz besonders edlen. »Ich weiß, dieser Strauß hätte Ihrem Mann für Sie gefallen!«

Sie war gerührt und meinte: »Wissen Sie, immer wenn ich zu Ihnen komme, wird die Trauer um meinen Mann ein bisschen leichter. Ich weiß, wie gern er zu Ihnen gekommen ist. Oft hat er mir von seinen Gesprächen mit Ihnen erzählt und davon, was Sie für einen unverbildeten, gesunden Menschenverstand haben. Das hat ihm immer sehr gefallen und gut getan. Sie wissen ja, in seinem Beruf fanden sich viele Leute mit recht verqueren Ansichten, da war es für ihn eine Wohltat, mal was ganz anderes, was Bodenständiges, zu hören.«

Wenn man so etwas gesagt bekommt, dann freut einen das sehr. Es ist eine Belohnung dafür, dass man viel Liebe in seine Arbeit steckt.

Für den Mann einer meiner besonders lieben Bekannten, die mir oft am Markt geholfen hat und der unter dramatischen Umständen verstorben ist, habe ich in ihrem Auftrag das Sargbouquet angefertigt.

Sie hat mir oft leidgetan wegen ihrer Eheschwie-
rigkeiten, die sie viele Tränen gekostet und letztendlich krank gemacht haben.

Er war ein wirklich schwieriger Mensch. Das darf
man sagen, selbst wenn man über Tote nicht schlecht
reden soll. Was für ein Gesteck macht man für so je-
manden?

Ich habe dazu schlicht Zweige mit Zapfen und
knorrigen Ästen genommen, darum Ranken mit
Rosendornen (!) gewunden und dann in dieses Gesteck drei Tulpen gesteckt: Je eine für seine Frau
und seine zwei Töchter, die das Schöne in seinem
Leben abbilden sollten. Die Symbolik muss stimmen, es kommt nicht immer auf den Preis und die
Menge an.

Ein andermal kam ein Stammkunde zu mir, dessen Lebensgefährtin, eine Künstlerin, verstorben
war. Er hatte sie sehr geliebt und sich für ihre Beerdigung etwas Besonderes ausgedacht.

In den Sarg ließ er Mohnblüten legen, die sie besonders geliebt und oft gemalt hatte, und dazu ihre
Malerpinsel.

Er hatte einen Papiersarg für sie bestellt, der aus-
sah, als wäre er aus Peddigrohr geflochten – so, wie
früher zu Kriegszeiten die Kinderwagen ausgesehen
haben. Das wusste er von ihren Kinderfotos.

Sie war in der Klarakirche aufgebahrt. Da habe
ich, passend zu diesem besonderen Sarg, in feinen
Maschendraht frische Mohnblüten und Gräser
hineingewoben und diesen über den Sarg gelegt:
Es sah aus, als wäre sie mit einer Blütendecke zu-
gedeckt.

»Schlafe wohl, träume süß, schau im Traum 's Paradies« – an die Zeile eines alten Schlafliedes habe ich mich erinnert, als mir die Idee zu diesem Sargschmuck kam.

Eine meiner liebsten Kundinnen war Ingeborg Langguth, eine erfolgreiche Nürnberger Geschäftsfrau. Sie hatte Krebs und wusste, dass sie bald sterben würde.

Vor ihrem Tod hat sie ein Essen für alle ihre Freundinnen gegeben, und ich habe dafür die Tischdekoration und später auch den Trauer- und Sargschmuck gestaltet, auf ihren Wunsch und wie mit ihr besprochen. Vor ihrem Tod hat sie noch einen »Dank« für die Zeitung verfasst:

»Einen Dank an alle meine Freundinnen und Freunde, die mich auf Engelsflügeln der Freundschaft durch meine Krankheit getragen haben«, stand darin.

Unter ihren »hilfreichen Geistern« hat sie auch mich erwähnt, das hat mich sehr angerührt und stolz gemacht. Es gibt immer wieder besondere Menschen, und Ingeborg Langguth war eine davon.

Solche speziellen Arbeiten berühren mich immer sehr, denn meist habe ich die Menschen, die zu ihrer letzten Ruhe gebettet werden, gekannt. Ich freue mich dann, für sie etwas machen zu dürfen, das sie gefreut hätte und das auch für die Hinterbliebenen etwas Schönes, Tröstliches ist.

Ein freudigeres Arbeiten ist es natürlich, eine Braut auszustaffieren. Meist kommt das Paar erst einmal gemeinsam zu mir, dann bestelle ich die

Braut nochmals allein her. Ich will das Brautkleid sehen oder es mir genau beschreiben lassen, und wir beraten gemeinsam, wie der Brautstrauß aussehen soll. Meist setze ich mich mit meinen Vorschlägen durch, auch wenn sie etwas ungewöhnlich sind.

Abholen und bezahlen muss den Strauß allerdings der Bräutigam, das ist Tradition, und darauf bestehe ich. Es soll Unglück bringen, wenn die Braut ihren Strauß selbst holt und bezahlt, so heißt es.

Ich bin ein bissala abergläubisch, das mag schon sein, aber ich hab' schon vier Hochzeiten erlebt, wo die Ehe bald auseinandergegangen ist, und jedes Mal hatte die Braut ihren Strauß selbst abgeholt!

Übrigens binde ich in den Brautstrauß immer bestimmte Kräuter mit hinein, für alle Fälle – für die Paare, die möglichst schnell Nachwuchs haben wollen. Das hat mir einmal eine alte Blumenbinderin verraten.

Oft besucht uns dann nach einiger Zeit das Paar und zeigt strahlend das Foto seines ersten Kindes. Das ist für uns alle eine Freude, vor allem, wenn wir für die Taufe den Blumenschmuck machen dürfen.

Manchmal gibt es auch Ereignisse oder Erlebnisse der ganz anderen Art.

Da fuhr vor einiger Zeit, es ist noch nicht lange her, ein riesiger Luxuswagen vor den Laden und die Eremitage. Willi und ich standen gerade draußen, und Willi sagte: »Da, schau mal, Maria, das ist ein Diplomat, das sieht man am Autokennzeichen.«

Wir staunten nicht schlecht, als ein livrierter Chauffeur ausstieg, auf mich zukam und fragte, ob ich Frau Maria Lieber sei.

Ich stand da, mit meinen vom Pflanzen dreckigen Händen und erwiderte verdattert, ja, das sei ich. Da öffnete er den Wagenfond und ließ einen Mann und eine Frau aussteigen. Ich sah sofort, dass sie wohl keine Einheimischen waren, ich tippte des Aussehens wegen auf Südamerika. Die beiden traten auf mich zu, schüttelten mir die Hand und redeten auf mich ein. Ich verstand kein Wort.

Doch der Chauffeur übersetzte, und es stellte sich heraus, dass der Mann der Botschafter von Guatemala war, der derzeit an der Botschaft in Berlin akkreditiert war.

Er sei mit seiner Frau hier in Nürnberg, sie hätten alle Sehenswürdigkeiten besichtigt, aber am meisten hätte seiner Frau das wunderschöne Blumenbouquet gefallen, das sie bekommen hatte, und deshalb wollte sie mich unbedingt persönlich kennenlernen.

Ich war baff! Ich erinnerte mich, dass eine Firma, die mit Südamerika in Geschäftsbeziehungen steht, ein Bouquet bestellt hatte; es sollte etwas Besonderes sein, hieß es. Es war offensichtlich für diese Dame gewesen!

Jetzt umarmte sie mich, als wären wir alte Freundinnen und bestand darauf, dass der Chauffeur ein Foto von uns machte. Wir luden noch zu einem Glas Sekt in der Eremitage ein, dann fuhren sie davon, mit vielen Lobesworten für die Blumen.

Drei Wochen später kam der Chauffeur wieder, dieses Mal allein. Er hatte das Foto dabei, gerahmt, dazu eine Karte mit einer Einladung in die Botschaft, sollte ich einmal nach Berlin kommen. Sie würden sich auch freuen, mich in Guatemala begrüßen zu dürfen, wenn ihre Zeit hier in Deutschland vorbei wäre.

Solche Freude kann man mit Blumen bereiten!

Noch ein anderes, fast ebenso unglaubliches Ereignis hat sich vor Kurzem zugetragen: Die japanische Fußballnationalmannschaft war in Nürnberg zu Besuch. Bekanntlich spielten einmal einige Japaner beim Club, unter anderem Mu Kanazaki und Hiroshi Kiyotake.

Im Rahmen des Besuchsprogrammes hat die Managerin der Mannschaft für die Spieler einen Blumenbindeworkshop in meiner floralen Werkstatt arrangiert.

Ich weiß zwar, dass in Japan Blumenkunst, Ikebana, eine große Tradition hat, aber ehrlich gesagt, hätte ich nie gedacht, dass junge Männer – und noch dazu Fußballstars – am Blumenbinden Interesse hätten. Tatsächlich war mein kleiner Laden voller junger Japaner, die einen Mordsspaß beim Binden von Kränzen und Sträußen hatten.

Alles wurde gefilmt und in Japan vorgeführt, sogar in einer Zeitung kam ein Bericht über den Workshop. Jetzt ist mein kleiner Laden sogar in Japan bekannt.

Regelmäßig gebe ich auch Blumensteckkurse an der Volkshochschule, die immer schnell ausgebucht

sind. Oft melden sich die Leute schon an, noch bevor das Programm erscheint.

Die Beschäftigung mit Pflanzen und Blumen ist
Freude und Labsal fürs Gemüt und die Seele – wem
tut das nicht gut in unserer schnelllebigen, hekti-
schen Zeit?

Die Eremitage

Ungefähr ein Jahr lang hatten wir den Blumenladen in der Winklerstraße, als der Yogaladen nebenan dichtmachte. Da streckte ich meine Ranken nach den Räumen aus, ich wollte sie unbedingt dazumieten. Ich hatte die Befürchtung, dass dort eine Spielothek oder irgendein seltsamer Laden mit Wasserpfeifen oder was auch immer hineinkäme, das hätte mir neben meinem schönen Blumenladen gar nicht gefallen.

Es klappte tatsächlich, und wir unterschrieben den Mietvertrag. Wieder glühte ich vor Ideen und Begeisterung.

Da wir in Fürth schon das »Giardino« recht erfolgreich geführt hatten, beschlossen wir, eine Vinothek mit Bistro einzurichten. Damit gaben wir den Marktstand endgültig auf, denn jetzt wurde auch Willi in der Winklerstraße gebraucht.

Die Räume sind zwar klein und die Küche dahinter winzig, daneben findet man eine Toilette.

Auch hier kann man eine Gewölbedecke bewundern, die Wände sind weiß getüncht, dazu passt der alte historische Holzboden, der allerdings erst mal »aufgemöbelt« werden musste.

Die Einrichtung ist puristisch und stilvoll: Einige Weinfässer, die zu Tischen umgebaut wurden, stehen dort und gusseiserne Regale für die Weine und Spezialitäten.

Vor der offenen Küche, bei uns kann jeder sehen, wie gekocht wird, befindet sich ein kleinerer Raum mit Kaffeemaschine und nur einem Tisch, an dem meist »besondere« Gäste stehen, wie zum Beispiel unser Pfarrer, ein häufiger Gast bei uns.

In diesem Zimmer hängen zwei Fotoporträts, eines vom Hans Meyer, dem ehemaligen Fußballtrainer des Clubs, und das andere von mir.

Die Aufnahmen stammen aus einer Fotoausstellung, die im KOMM-Bildungsbereich in Nürnberg gezeigt worden war. Da hatten die Fotografen Günter Derleth und Rudi Hilmar Ott Prominente aus der Region Nürnberg im Stil der »Camera obscura«, einer alten Technik, abgelichtet.

Nach Ende der Ausstellung wurden die Bilder in der Kinderpsychiatrie des Nürnberger Klinikums aufgehängt. Den Kindern scheint das nicht gefallen zu haben, denn sie demolierten in Wutanfällen sämtliche Bilder, nur der Hans Meyer und ich blieben verschont.

Wir zwei haben uns das humorvoll so erklärt, dass wir zwar recht grimmig dreinschauen, aber die Kinder doch gesehen haben, dass wir ein warmes Herz haben und sie uns deshalb »begnadigten«.

So sind wir zwei wieder aus der Psychiatrie entwichen und hängen heute in der Eremitage – da gefällt es uns auch deutlich besser!

Als die Einrichtung der Vinothek so weit fertig war, fehlte nur noch ein Name dafür.

Da kam uns unser Mitbewohner im Savoyerhaus, Dr. Hohner, ein Kunstgeschichtler, zu Hilfe.

Er hatte früher einmal ein Projekt auf dem Grünstreifen vor dem Haus installiert: eine Fotomontage mit Figuren aus der Sebalduskirche, allesamt berühmte Söhne Nürnbergs: Veit Stoß, Bildhauer und Schnitzer, Albrecht Dürer, der schon damals europaweit bekannte und berühmte Maler, und Peter Henlein, Uhrmacher aus Nürnberg.

Die saßen als Pappfiguren auf einer Bank, und in einer Sprechblase stand: »*Wann macht denn endlich die Eremitag' auf, ich hab' Durst!*«

Das war's! Somit hatte unser Bistro den Namen »Marias Eremitage« weg. Ich war richtig stolz und zufrieden, als ich nach dem Einrichten unser Werk betrachtete.

Ganz am Anfang und auch später noch kam immer, wenn die Tür offen stand, ein kleiner dicker Spatz in die Eremitage gehüpft. Er flatterte durch die Räume, sprang ungeniert auf die Tische und Regale und besah sich alles. Dabei zwitscherte er, und manchmal schimpfte er auch aufgeregt, gerade so, als ob ihm etwas nicht gefallen würde.

»Du, Willi, weißt was? Des iss mein Vadder!«, sagte ich ganz ernsthaft zu Willi. Der Vogel ließ sich zwar nicht von mir anfassen oder streicheln, aber er saß ganz ruhig da, wenn ich zu ihm hinging. Dann legte er den Kopf schräg und blinzelte mich an.

»Basst schon alles, Vadder! Alles ist in Ordnung mit deiner Maria«, redete ich auf ihn ein. Da zwitscherte er mir etwas zu, ist ein paar Mal auf und niedergehüpft und wieder hinausgeflogen.

Wenn man an Reinkarnation glaubt, kann des gut sein, dass des mein Vadder war, der nach mir schauen wollt. Ich hatte jedenfalls das Gefühl, dass er es war.

Unsere Eremitage ist eine Vinothek mit besonderen Weinen. Im Laufe der Jahre haben wir Winzer ausfindig gemacht und kennengelernt: nicht nur jene in Franken, die im großen Stil Wein anbauen, sondern kleinere Betriebe, die biologisch arbeiten.

Darunter sind zwei fränkische Winzer, beide so unterschiedlich wie auch ihre Weine:

Egon Schäffer aus Escherndorf ist eher wie ich: Er baut charaktervolle, trockene Weine aus, gibt sich traditionell und ein bisschen kauzig. Bei ihm steht man direkt im Weinkeller beim Verkosten der Weine, da wird kein Drumherum, kein »Schisslaweng« gemacht. Da ist alles erdig und ehrlich.

Der Rainer Müller vom Weingut Max Müller in Volkach ist wiederum ein ganz anderer Typ:

Er ist ein Nobelwinzer mit moderner Vinothek, der traumhafte Weine produziert und schon viele Auszeichnungen bekommen hat. Ob er allerdings mit meiner direkten und oft unverblümten Art zurechtkommt, frage ich mich schon manchmal.

Einmal kam ein Kunde zu uns und wollte vier Flaschen verschiedenen Weißweines, Frankenweine, kaufen, und auf unsere Nachfrage hin erzählte er, er kenne ein Weingut in der Toskana, das »Il Falcone«.

Die Winzerinnen dort, zwei Frauen, täten sehr guten Rotwein produzieren, aber der Weißwein, den fänd' er nicht gut. Deshalb wolle er ihnen einige Flaschen guten Frankenweins bringen, damit sie mal schmecken könnten, wie Weißwein sein müsse.

Wir tauschten die vier Flaschen Weißwein gegen vier seines Rotweines, und dieser Wein schmeckte uns so gut, dass wir die Winzerinnen unbedingt kennenlernen wollten.

Also machten wir uns mit unserem Bus auf in die Toskana, zum Weingut »Il Falcone« in der Nähe von Siena. Dort steht auf einem Hügel ein wunderschönes, typisch toskanisches Haus. Neben den Weinbergen liegt ein riesiger Olivenhain mit uralten knorrigen Bäumen, aus deren Früchten die Besitzer vorzügliches Olivenöl, extra vergine, pressen.

Die Winzer sind zwei Schwestern, Paola und Rosa. Ihre Ehemänner, Paolo und Vittorio, erinnern mich in ihrer Art an Egon Schäffer und Rainer Müller: der eine unprätentiös und trocken wie ein Weißwein secco, der andere ein charmanter, typischer Italiener, gehaltvoll wie so mancher Rotwein.

Mittlerweile fahren wir regelmäßig im Jahr in die Toskana und haben auch diese Weine im Sortiment; sie kommen bei unseren Kunden gut an, ebenso wie das Olivenöl von dort.

Unsere Weine kann man nicht im Supermarkt kaufen, dafür wäre der Ertrag des Winzers viel zu gering. Dennoch müssen diese biologischen Weine nicht teurer sein als die eines großen Winzers oder einer Winzereigenossenschaft, und man bekommt garantiert kein Kopfweh drauf! Sie sind sozusagen handgemacht und nicht, wie viele »industriell«

fabrizierte Weine mit irgendwelchen ominösen Zu-
sätzen versetzt.

Vielschichtige und interessante Weine, ob rot,
weiß oder rosé, können bei uns glasweise degustiert
werden, aber es gibt auch Champagner und Prosecco, daneben die hochwertigen Olivenöle von »Il Falcone«, kalt gepresst und »extra vergine«.

Zudem gibt es bei uns andere kleine Delikatessen
zu kaufen, zum Beispiel Chutneys und Oliven.
Auch handgeschöpfte Schokolade mit verschiedenen
Ingredienzien, sogar etwas Blattgold ist darauf ge-
streut, kann man bei uns kaufen. Die hat ihren Preis,
ist aber auch ein Genuss! Davon verschlingt man
nicht eine Tafel auf einmal, die lässt man sich Stück
für Stück auf der Zunge vergehen, mit Genuss.

Jeden Tag, von Montag bis Samstag – außer Dienstag, das ist unser Ruhetag – gibt es ein Essen zum
Preis von 5,90 Euro.

Sonntagabend denke ich mir die Speisenfolge für
die folgende Woche aus, und Montagmorgen wird
bestellt und eingekauft.

Ich lege Wert auf frische, biologische Kost, Fer-
tiggerichte oder irgendwelche Zusätze kommen mir
nicht in die Küche. Nur aus ehrlichen, frischen, sau-
beren Zutaten wird gekocht. Dabei ist es nicht einfach, eine entsprechende Köchin zu finden, die so
kochen kann und mag, wie ich es will!

Biologisches Gemüse wird uns gebracht, manch-
mal kaufen wir auch welches dazu, und Kräuter am
Markt. Das Fleisch bekommen wir vom Kloster
Plankstetten, da weiß man, was man bekommt!

Es gibt wöchentlich Fleischgerichte, manchmal auch vegetarische und, christlicher Tradition folgend, ist das Essen am Freitag prinzipiell fleischlos.

Mal gibt es Fisch, mal Gemüse der Saison, Pilze oder Mehlspeisen.

Was es täglich gibt, steht außen, an den kleinen Fenstern der Eingangstüre angeschrieben, alles zum Preis von 5,90 Euro. Da stehen dann so leckere Gericht wie:

»Allerlei vom Huhn mit Fenchel und Semmelknödl«,
»hausgemachte Nudeln à la Kreta«,
»Lachs im Pergament mit Pellkartoffeln«,
»Schupfnudeln mit Wirsing-Rahmsoße«,
»Rindfleisch im Glas mit gekräutertem Ziegenkäse« oder
»Fleischklößchen im grünen Schlafrock mit Möhrensalat«.

Unser Mittagstisch ist immer gut besucht, nette und auch interessante Leute treffen sich da. Willi, der »Zaubermann«, ist überwiegend für den Service und die Kaffeezubereitung zuständig, und wenn das Essen aus ist, ist es aus. So manches Mal kommt verspätet ein Kunde und ist enttäuscht, aber so ist das halt bei uns.

Nachmittags kommen gelegentlich Gäste auf ein oder zwei Gläschen Wein oder eine Tasse Kaffee, einen Cappuccino oder Espresso vorbei, denn auch bei unserem Kaffee lege ich Wert auf höchste Qualität.

Kuchen gibt es nicht, aber gleich gegenüber ist die bekannte Konditorei Neef und die haben hervorragenden Kuchen. Da darf der Gast gern einen zu uns mit herüberbringen, wenn er auf einen »Raaddsch« vorbeikommt.

Einmal hat eine junge Mutter, der ich bereits die Hochzeitsfeier mit traumhaften Päonien, Pfingstrosen, verschönt hatte, zu mir: »Frau Lieber, wir wollen unbedingt das Taufessen für unser Kind in der Eremitage abhalten.«

»Aber wie stellen Sie sich das vor?«, fragte ich. »Wir haben doch nur die Weinfässer da stehen und keine Sitzplätze.«

»Dann müssen Sie halt ausräumen«, meinte sie keck, »und eine lange Tafel und Stühle reinstellen. Wir sind sechzehn Personen. Bitte, Frau Lieber, das wünsche ich mir so sehr!«, bettelte sie.

Willi schüttelte zwar den Kopf, aber es wurde gemacht. Die Weinfässer kamen nach draußen, wir stellten einen langen Tisch mit Stühlen hinein und dekorierten alles festlich für den kleinen Täufling. Es sollte ein Fünf-Gänge-Menü geben, und wer unsere kleine Küche in der Eremitage kennt, weiß, was das heißt! Es wurde ein großer Erfolg, eine sehr stimmungsvolle Tauffeier.

Am Ende des Festes kam eine elegante Dame, die Tante der jungen Mutter, in die kleine Küche, die nach hinten zum Gastraum geöffnet ist.

Erst gab sie Willi, der an der Kaffeemaschine stand, ein Trinkgeld, dann meinte sie zu mir: »Ich möchte gern in die Küche gehen, um mich dort für das wunderbare Essen zu bedanken.«

»Sie stehen in der Küche!«, meinte ich.

Sie sah sich um. »Hier wollen Sie das Essen gekocht haben? Das glaub ich Ihnen nicht. Bitte, führen Sie mich in die Küche«, beharrte sie.

Ich schüttelte den Kopf. »Das hier ist sie, es gibt keine andere!«

Noch heute, so erzählt mir die junge Frau immer wieder, wenn sie in den Laden kommt, kann ihre Tante es nicht glauben und denkt, ich hätte sie angelogen.

»Es geht alles, wenn man will«, das ist die Devise von Willi und mir, und nach dieser haben wir uns immer wieder gerichtet.

So aufwendige Events wie diese Taufe machen wir allerdings nicht mehr, da steckt doch zu viel Arbeit und Aufwand dahinter, das zahlt sich meist nicht aus. Da wird oft gehandelt und um den Preis gefeilscht wie auf dem Bazar, und manchmal muss man hinter dem Geld her sein wie der Teufel.

Einige haben bis heute nicht bezahlt, und das ist dann doch recht ärgerlich, wenn man neben der Arbeit auch noch auf seinen Kosten hocken bleibt.

Aber wenn von Kunden, die wir kennen, Feiern wie Geburtstagfeten und andere kleine Festivitäten bestellt werden, richten wir diese gern aus, wenn es geht und die Küche es hergibt.

Doch auch wenn unsere Küche klein ist, so habe ich dort im letzten Jahr zum Belzemärtl, der im protestantischen Nürnberg als Nikolaus gefeiert wird, siebzig Gänsebrüste gebraten und über hundert Klöß gemacht, dazu Unmengen von Blaukraut.

Das Essen habe ich für die sozial schwachen, gestrauchelten Männer der Stadt gespendet, die in einem Heim in der Südstadt, einer segensreichen Einrichtung, betreut werden, damit sie nicht gänzlich auf der Straße leben müssen und wenigstens täglich ein warmes Essen haben. Für sie waren die Gänsebrüstchen mal etwas Besonderes in der Vorweihnachtszeit.

Vor Kurzem hab' ich die weihnachtliche Dekoration für das Essen nach der Eröffnung des Christkindlesmarktes arrangiert, wo die Honoratioren der Stadt mit dem Nürnberger Christkind feierten.

Nach diesem Essen in André Köthes »Essigbrätlein« kam die ganze Gesellschaft zu mir in die »Florale Werkstatt«, mit Presse und Fernsehkameras. Natürlich war das eine Ehre für mich und mein Geschäft.

Man mag es glauben oder nicht: Ich bin weiß Gott nicht auf den Mund gefallen und habe gelegentlich eine gehörige »Schlebbern«, aber sobald eine Kamera und ein Mikrofon in meiner Nähe sind und ich etwas sagen soll, verschlägt's mir die Sprache. Da stehe ich wie das berühmte Karnickel vor der Schlange und bringe keinen Ton mehr heraus.

Der André Köthe flüsterte mir zu: »Jetzt reden wir miteinander, wie wir immer reden, Maria!«

Es half nichts, ich blieb stumm wie ein Fisch, ich glaub', mir wär nicht mal mehr mein Name eingefallen. Das ärgert mich, aber es ist so!

Eine Schauspielerin am Theater oder im Film wäre nie aus mir geworden. Nur am Markt und im Laden, da lass ich meine »Schwertgosch« laufen!

Meine Autorin sagte kürzlich, nachdem ich wieder etwas Kurioses erzählt hatte, kopfschüttelnd zu mir: »Maria, du bist schon eine recht ambivalente Persönlichkeit!«

Ehrlich, ich konnte mit dem Wort nichts Rechtes anfangen. Da fragte ich einen meiner gebildeteren Kunden, was das denn heißen sollte?

Der lachte und meinte: »Jetzt stell dir vor, Maria, du bist ein gelegentlich störrischer Gaul, und das eine Ohr hängt nach vorne und das andere nach hinten. Das ist ambivalent.«

Also, jetzt weiß ich's, was ich bin!

Nun betreiben Willi und ich dieses Geschäft in der Winklerstraße schon fünf Jahre lang, und es gefällt uns immer noch. Wir hoffen, dass wir noch lange dort bleiben können, wenn möglich mindestens bis zu unserer Rente.

Abschied von Partenstein

Ich hab mein Leben lang sehr viel gearbeitet, Reichtümer habe ich keine angehäuft, doch ich wusste, dass ich irgendwann aus Partenstein erben würde, das wäre die Sicherung für mein Alter.

Zu meiner Familie habe ich seit dem Tod meines Vaters immer weniger und dann keinen Kontakt mehr gehabt. Es hatte keinen Streit gegeben, es hatte sich so ergeben, ich habe gefühlt, dass ich nicht mehr willkommen war in der alten Heimat, und so habe ich es dabei bewenden lassen.

Vor wenigen Monaten hat mich eine alte Bekannte aus Partenstein angerufen.

»Du, Maria! Deine Mutter ist jetzt eine ganz arme Frau, die hat nix mehr und lebt in einem Heim!«

»Was?! In einem Heim und arm?« Ich traute meinen Ohren kaum. »Sie hat doch das Haus und die ganzen Grundstücke in Partenstein!«

»Nein, die hat nix mehr! Sie hat alles der Anita geschenkt, schon vor Jahren. Ich hab's auch erst jetzt erfahren!« Mir blieb die Luft weg, das konnte doch nicht sein!

»Und die Anita? Was macht die?«

»Die wohnt nimmer da, die ist mit ihrem Mann nach Schweden gezogen, und die Mutter habens' ins Heim gesteckt.«

Ich konnte es nicht glauben!

Über eine mir bekannte Altenpflegerin machte ich das Heim ausfindig, und wir fuhren zusammen hin. Es ist ein schönes und gut geführtes Haus. Wir fragten eine Stationspflegerin nach meiner Mutter.

»Ach, die Frau Lieber. Die ist so bös, es ist ein echtes Kreuz mit ihr«, meinte die.

Ich schüttelte den Kopf. »Meine Mutter? Man kann ihr vielleicht manches nachsagen, aber bös war sie nie!«

»Es ist so. Vielleicht wird sie auch dement, das verändert die Menschen oft sehr.«

»Ich würd sie gern besuchen, aber ich weiß nicht, ob sie es will«, gab ich zu und dachte an das damals zurückgeschickte Geschenk. »Ich bin ihre Tochter Maria.«

»Ich frag mal!«

Nach kurzer Zeit kam sie zurück. »Die Frau Lieber will keinen Besuch«, hat sie gesagt. »Und sie hätte nur eine Tochter, die Anita.«

Da bin ich gegangen.

Über einen Anwalt habe ich nachforschen lassen. Es ist tatsächlich so, dass meine Mutter, unter welchem Einfluss auch immer, meiner Schwester ihr gesamtes Vermögen überschrieben hat, vor über zehn Jahren. Damit ist meine Einspruchsfrist verfallen. Da sei nichts mehr zu machen, meinte der Anwalt, den ich gefragt habe.

Vor wenigen Wochen bekam ich einen Bescheid vom Sozialamt: Ich müsse für das Heim meiner Mutter 3.850,00 Euro im Monat bezahlen, da sie mittellos sei.

Geld ist nicht alles im Leben, aber als Entlastung für den Ruhestand, nach einem Leben voller Arbeit, hätte ich mich über ein Erbe gefreut, vor allem über das Grundstück auf der »Hofhöh«, das mir mein Vater einst versprochen hatte.

Noch einmal fuhr ich nach Partenstein, dem Dorf meiner Kindheit und Jugend.

In meinem Elternhaus wohnen jetzt fremde Leute. Am Haus, das Anita gehört, wehte eine Flagge, zum Zeichen, dass sie gerade aus Schweden hier zu Besuch sei, sagte man mir.

Für einen Augenblick durchzuckte mich der Gedanke zu läuten und ihr eine saftige Ohrfeige runterzuhauen, wenn sie öffnen würde. Doch ich beherrschte mich und fuhr weiter. Es ist besser so.

Ich fuhr hinauf auf die »Hofhöh«.

Dort steht jetzt eine schöne Kapelle. Ich habe gehört, Anita hätte einen Teil des Grundstückes dort droben der Gemeinde vermacht, zum Bau der Kapelle. Dafür sollen einige der Lieber'schen Grundstücke zu Bauland umgewidmet worden sein.

Ich setzte mich ins Gras.

Unter mir lag Partenstein, und wie früher, wie so oft mit meinem Vater, schaute ich hinunter zu den Häusern und Kirchen des Ortes, suchte und fand das Dach meines Elternhauses und ließ meinen Blick weiter, hinüber zur Burgruine Bartenstein schweifen, wo ich als Kind oft auf abenteuerlichen Wegen unterwegs war.

Vieles von früher kam mir in den Sinn, und voller Wehmut dachte ich an meinen Vater und daran, was er wohl zu all dem sagen würde.

»Vergesst mir meine Maria nicht, habt sie lieb!« Das sollen seine letzten Worte gewesen sein.

Nachwort

Viele Tage und Stunden habe ich mit meiner Autorin Viktoria Schwenger zusammengesessen, aus meinem Leben erzählt und ihre Fragen beantwortet.

An viele Menschen, die ich einst kannte, habe ich mich dabei erinnert: an manche mit Freude und in Liebe, an einige mit Schmerz oder in Trauer, an wenige auch voller Gram.

In großer Dankbarkeit denke ich an jene Freunde, die mich, manche mein ganzes Leben lang, begleitet haben und deren Freundschaft ich nicht missen möchte.

Am allerwenigsten Willi, meinen treuen und verlässlichen Lebensgefährten, der es nicht immer einfach hatte – schon gar nicht mit mir –, und der dennoch immer zu mir steht.

So manche Ereignisse hatte ich schon fast vergessen. Erst nach und nach kamen sie durch die Gespräche mit meiner Autorin, die mich auf diesem manchmal steinigen Weg durch die Erinnerungen meines Lebens begleitet hat, aus der Vergangenheit zum Vorschein, mussten aus dem Vergessen und teilweise auch der Verdrängung wieder hervorgeholt werden.

Da war Schmerzliches und Leidvolles, aber auch viel Kurioses und Verrücktes, Liebevolles und Lustiges dabei. Über manches wundere ich mich heute

selbst, aber so war es zu seiner Zeit, so habe ich gehandelt.

Ich möchte nichts davon missen, ich stehe zu allem, was ich gemacht und erlebt habe.

Ich stehe zu meinem arbeitsreichen, schönen und
manchmal auch verrückten Leben!

Maria Lieber

Von Viktoria Schwenger bereits erschienen

Meine Bergheimat
160 Seiten
ISBN 978-3-475-54106-3

Zunächst zögerlich nimmt Christl Seebacher die Stelle einer Hüttenwir-
tin auf dem Brünnsteinhaus in den Bayerischen Alpen an. Aus den an-
fänglich geplanten zehn werden jedoch schließlich über dreißig arbeit-
same, aber auch sehr glückliche Jahre.
Wir erfahren allerhand Interessantes aus früherer Zeit, über die Schwierigkeiten, in 1342 Metern Höhe ein Gasthaus zu betreiben, und über die
vielen müden und hungrigen Wanderer, die nach langen Märschen bei der
Wirtin Rast machten. Sie hat so einiges erlebt und lässt uns in vielen hei-
teren, aber auch nachdenklich stimmenden Geschichten daran teilhaben.

Das geliehene Glück
288 Seiten
ISBN 978-3-475-54292-3

Die hübsche Südtirolerin Carina will sich in Bayern ein neues Leben aufbauen und verliebt sich dabei prompt in den Architekten Jörg. Obwohl
es die große Liebe zu sein scheint, wird das Glück des Paares getrübt.
Jörgs Beruf ermöglicht ihm einen längeren Auslandsaufenthalt – eine zu
große Belastung für die junge Beziehung.
Carina findet Trost bei Jörgs Freund Hubertus. Sie hilft regelmäßig im
Gasthof seiner Familie aus und kommt so dem ruhigen und verlässlichen
Mann näher. Mit ihm scheint eine Zukunft möglich zu sein. Das Schicksal hält jedoch einen weiteren Schlag bereit. Findet Carina dennoch das
große Glück?

Im Rosenheimer Verlagshaus bereits erschienen

Roswitha Gruber

Ein Bauernleben

rosenheimer

Ein Bauernleben
256 Seiten
ISBN 978-3-475-54421-7

Für die Familie Edelhofer steht der Hof über allem. Stets kommen er und
die Gemeinschaft vor dem Schicksal des Einzelnen. Die Menschen, die
auf ihm wohnen, erleben persönliche Tragödien, aber auch viel Freude
und Liebe. So erzählt Roswitha Gruber von einem Leben voll Arbeit und
Pflicht. Auf faszinierende Weise berichtet sie von schweren Aufgaben
und Entscheidungen genauso wie von den schönen Erlebnissen. Dem
Leser wird ein berührender Einblick in das Leben einer Familie auf ihrem Einödhof gewährt.

Roswitha Gruber
Die Kinder der Dienstmagd

Die Kinder der Dienstmagd
288 Seiten
ISBN 978-3-475-54293-0

Die Magd Elisabeth und der Knecht Franz Lichtmannegger träumen davon zu heiraten. Doch beide wissen – zwei Dienstboten haben keine gemeinsame Zukunft. Als sich aber die Möglichkeit ergibt, einen Hof zu pachten, können sie als Bauersleute eine Familie gründen. Sie führen ein erfülltes, arbeitsreiches Leben. Ein großes Unglück zwingt Elisabeth und ihre Kinder jedoch zurück in den dienenden Stand. Einfühlsam und packend erzählt Roswitha Gruber die unterschiedlichen Lebenswege von Elisabeths Kindern und deren Nachfahren, zu denen auch die weltbekannte Jodelkönigin Maria Hellwig zählt.
»Eine bewegende Familiengeschichte einer starken Frau.«
(Radio Arabella)

Tagebuch einer Landhebamme
256 Seiten
ISBN 978-3-475-54332-6

Diese Aufzeichnungen von Rosalie Linner über die Jahre 1943 bis 1980 spiegeln das weite Spektrum der Arbeit einer Landhebamme wider: Von freudig erwarteten, aber auch von unerwünschten Kindern ist die Rede, von der Freude und den Nöten in den Familien.
Rosalie Linner schildert beeindruckende Fälle und Begebenheiten und geht dabei auch auf heute sehr aktuelle Themen und Fragen ein, wie zum Beispiel Adoptionen, Vaterschaftsprozesse, behinderte Kinder, Gewalt gegen Frauen und Kindesmissbrauch. Den Leser erwartet ein spannender Bericht.